风险投资、研发投入
与技术创新研究

李 伟 黄德霞 杜 伟◎著

吉林出版集团股份有限公司
全国百佳图书出版单位

图书在版编目（CIP）数据

风险投资、研发投入与技术创新研究 / 李伟，黄德
霞，杜伟著. -- 长春：吉林出版集团股份有限公司，
2024.6. -- ISBN 978-7-5731-5370-8

Ⅰ. F830.59

中国国家版本馆CIP数据核字第2024LN3468号

FENGXIAN TOUZI、YANFA TOURU YU JISHU CHUANGXIN YANJIU

风险投资、研发投入与技术创新研究

著　者　李　伟　黄德霞　杜　伟

责任编辑　郭玉婷

装帧设计　朱秋丽

出　　版　吉林出版集团股份有限公司

发　　行　吉林出版集团青少年书刊发行有限公司

地　　址　吉林省长春市福祉大路 5788 号（130118）

电　　话　0431-81629808

印　　刷　北京昌联印刷有限公司

版　　次　2024 年 6 月第 1 版

印　　次　2024 年 6 月第 1 次印刷

开　　本　787 mm×1092 mm　　1/16

印　　张　10

字　　数　220千字

书　　号　ISBN 978-7-5731-5370-8

定　　价　76.00元

前　言

    风险投资作为一种资金注入方式，为初创企业和创新项目提供了资金支持，同时也承担了投资风险。技术创新则是推动社会进步和竞争力的引擎，通过引入新的技术和方法，企业能够更好地适应不断变化的市场和需求。而研发投入则是实现技术创新的关键，通过投入资金、人力和时间，企业能够不断推动科技的创新与发展。

    在这个竞争激烈的环境中，企业需要在风险投资、技术创新和研发投入上取得平衡。过度的风险投资可能对资金链产生过大压力，造成资金周转不力，技术创新需要不断研究和试验，而研发投入则要求企业长期持续投入资源。因此，制定明智的战略和决策，是企业在这个领域取得成功的关键。

    本书深入探讨风险投资、技术创新和研发投入之间的相互关系，以及它们在现代商业中的重要性。通过对这些主题的细致分析，我们希望能够为企业领导人、投资者和创新者提供有价值的见解，帮助他们更好地理解和应对不断变化的商业和技术风险。

    在本书撰写过程中，著者参考、吸收了国内外众多学者的研究成果，在此谨向有关专家学者表示诚挚的谢意。由于著者水平有限，书中难免存在不足，期盼广大读者批评指正并能及时反馈，以便逐步完善。

目　录

第一章　风险容忍视角下风险投资对企业技术创新的影响研究

第一节　引言

企业技术创新过程面临较高的技术研发和技术商业化风险，良好的风险资本市场可以通过容忍并承担技术试错和商业探索的风险较好地支持创新。风险投资具有项目筛选和公司监管优势，通过多轮投资策略能够容忍技术失败风险，进而有效激励科技企业技术创新。如何提高风险资本市场对技术创新试错和技术创新失败风险的风险容忍能力、如何提高科技企业创新绩效是各国科技政策和科技金融领域面临的重大问题。

风险容忍度衡量的是风险资本市场对实体经济真实发生风险的风险承担和风险吸收能力，反映的是风险投资机构对技术创新损失的风险承载力。企业是技术创新的主体，科技型中小企业会遇到资金筹集、资源整合、技术定价、项目遴选、信息甄别、委托代理等诸多方面的难题，解决这些难题需要一个良好的金融支持体系。创新需要巨大的投资支持，企业家需要获得足够的金融资源才能将技术应用于生产，进而创造新的产品和服务并获得价值。

风险投资的风险管理功能可以较好地支持高风险技术创新项目。风险投资不仅给予创新项目必要的融资支持，而且为创新企业提供一系列有价值的企业战略、知识管理、人力资源管理、运营规划、营销规划等创业指导相关服务。南达（Nanda）和克罗夫（Kropf）对风险投资参与对美国初创型企业技术创新的影响进行实证研究，发现繁荣的资本市场通过降低早期投资者的试验成本，促使风险资本更倾向于投资高创新性初创公司。法拉利（Ferrary）和诺兰诺维特（Granovetter）对硅谷产生大量原创型创新公司的原因进行了分析，指出风险投资在创新集群和创新网络中起到关键作用，并强调风险投资具有五大功能，包括融资、筛选、共同学习、嵌入和信号反馈，从而为硅谷企业技术创新做出特殊贡献。拉尔和米娜发现风险资本家遵循专利信号来投资具有商业上可行的技术的公司，但它们更有可能促进专利的合理化而不是增加专利产出。

国内学者针对风险投资参与对企业技术创新促进作用的研究较为丰富。李成认为，风险资本与创新增值潜力在运作周期和投融资特性上具有高度的匹配性，为技术创新带来资本提升效应。焦跃华和黄永安认为，风险投资持有期较长、风险投资回报率较高的公司，未来创新绩效较好。芦锋发现在技术创新阶段，科技型上市公司占比和风险投资对专利授权数有着促进作用，而在高新技术产业化阶段，市场性科技金融对科技创新有着促进作用。杨胜刚认为，风险投资持续的持股会使企业的研发投入增加，研发效率提升；风险投资持股时间越长，企业的创新产出越高。李爽认为风险资本对中国企业技术创新活动存在正向激励作用，且进入时机越早，对企业创新激励作用越大。许昊发现风险投资促进了中国区域技术创新产出，并呈现出滞后效应和"倒 U 型"趋势。此外，融资结构也会对企业技术创新持续性产生影响。段海艳认为公司规模与企业持续创新正相关，盈利能力和债权融资水平对企业持续创新的影响不显著。何郁冰发现创新持续性与企业绩效之间呈现倒 U 型关系。邹双发现企业上市前的第二年，进入企业的风险投资对渐进式创新的促进作用大于对突破式创新的促进作用。罗军发现民营企业研发资金投入对模仿和自主创新的影响均存在融资约束门槛效应。

综上所述，现有研究关于风投融资对企业技术创新的影响效应仍存在争议，而且鲜有文献从风险容忍度视角对风险投资多轮融资过程促进技术创新的效果进行实证检验。本书将从两方面对现有研究进行拓展。一是分析风险投资多轮融资特征，揭示风险投资机构风险容忍度提升激励企业家技术创新的影响机理。二是构建了三种外源融资方式对技术创新影响的整体模型并进行实证检验，探讨了控制银行信贷、股市融资情况下风险投资对技术创新的影响。本书以深圳股票市场的上市企业为研究样本，从风险容忍度视角分析三类外源融资方式对企业上市后持续创新能力的影响，从而为促进风险投资市场发展、激励企业家技术创新提供实证和政策支持。

第二节　理论分析与研究假设

一、理论分析

技术创新的整个过程都需要有金融的支持，推动金融资源和科技资源的有机结合，是提高科技成果转化为现实生产力的关键。对于高风险的创新型项目，企业家自有资金往往不足以支撑创新型项目所需的投资额，需要引入外部投资者，进行股权投资。苟燕楠和董静分别从风险投资进入时机和风险投资背景两个角度，对风险投资参与对企业技术创新的影响展开实证研究，结果表明风险投资进入越早对企业技术创新的影响越积极，风险投资机构的经验越丰富对企业研发投入的影响越积极。

假设技术不确定性为 $\varepsilon \in [0，1]$，ε 值的大小反映的是企业家或投资者对于技术创新项目可获得的、已知、客观、精确信息量的把握程度。由于项目本身不确定性太高（ε 过低），超出银行和股票市场所能接受的风险范围，这类创新型项目难以从银行和股票市场获得融资。但是，这类项目的创业者往往具有全新的技术或者全新的商业模式，一旦成功则获取高额回报。风险投资的融资方式解决了这类高风险高收益类项目的融资问题，同时也提供了商业化支持，提高了创新型项目的绩效。

技术创新型企业在获得第一轮融资支持后，会有更大概率获得第二轮融资，直至企业技术创新项目获得商业成功。风险投资的多轮投资特征，使得风投可以分阶段对企业技术创新过程进行监管和商业支持，并根据企业技术创新过程发展情况做出是否继续追加投资的决策。多轮投资可以简化为单轮（n）融资和两轮（n+1）融资模型。对比两轮融资与单轮融资下，企业家和风险投资公司的技术创新决策过程。由于两轮融资的第一轮融资成功等同于单轮融资成功，因此，其技术创新成功概率相同。企业家在两轮融资下的预期收益高于单轮融资预期收益。风投给予项目多轮融资使得企业家对技术创新更加积极，提高了企业家技术创新风险偏好，激励了企业家更多地从事技术创新活动。无论是单轮融资还是两轮融资的第一轮融资，可以看成同样的条件下进行融资，即当前阶段客观信息量（风险）是相同的。由于第 n+1 轮融资是建立在第 n 轮融资的基础上的，客观信息量会在第 n 轮融资的基础上增多，进而降低技术不确定性，可知第 n+1 轮融资成功概率要大于单轮融资的成功概率。基于上述分析，可知两轮投资情况下，风险投资的预期收益比单轮投资要高。

二、研究假设的提出

风险投资者对技术创新的第二轮融资往往以第一轮融资为基础，技术创新项目客观信息量会在第一轮融资基础上增多，从而降低了整个项目的技术不确定性，进而使第二轮融资成功概率要大于单轮融资的成功概率。企业家和风险投资者的这种多轮互动过程，可以释放给从事同一技术创新项目和技术创新活动的企业家和风险投资者更多私人信息和客观信息，因而降低了技术创新的不确定性。因此，风险投资机构在 n+1 轮预期收益的提高将降低风投对技术创新不确定性临界值的要求，进而得出风投在预期有第 n+1 轮融资的情况下，风投在第 n 轮投资的风险容忍度较高，证明了多轮投资提高了风险投资群体的风险容忍总水平。金融体系风险容忍度通过承担和吸收了企业技术创新试错和技术创新失败风险促进了长期经济增长，且金融体系风险容忍度越大越能促进技术创新。由此可知，具有多轮投资特征的风险投资融资方式比股票市场融资和银行信贷具有更大的风险容忍度，进而对企业技术创新的支持作用更大。基于此，我们提出以下假设：

假设 1：风险容忍度越高，外源融资对企业技术创新的正向影响就越显著。

事实上，风险投资参与也为不知情的第三方市场参与主体提供了公司质量的"信号"，有风险投资支持背景的公司也会受益于风险投资者本身的业务联系网络，从而帮助企业获得更多的外部资源和竞争力。风险投资市场为风险投资家和企业家提供了良好的风险与资金合作平台，实现了企业家的技术优势和风险投资家的资本和管理优势的结合。马菁认为提高市场融资比例可能提高研发资金推动科技创新的效率。风险资本为企业家提供了商业咨询、财务分析和管理支持，不仅提高了企业技术研发成功概率，也催化了企业更快获得商业成功。综上所述，风险投资多轮投资的预期收益比单轮投资要高，且风险投资多轮融资提高了企业家风险偏好，对企业技术创新有积极影响。更具体地，由于技术创新过程包括技术创新投入和技术创新产出环节，因此，我们提出以下假设：

假设 2：风险投资融资对企业技术创新投入有显著的正向影响。

假设 3：风险投资融资对企业技术创新产出有显著的正向影响。

第三节　模型构建与指标选取

一、变量定义

考虑到企业发展的不同时期对外源融资方式的融资需求是不同的，且企业获取三类外源融资对企业技术创新影响也存在差异，因此在上述研究基础上本书构建了三种外源融资方式对企业技术创新影响的整体模型，对比分析了三种外源融资对企业技术创新投入和技术创新产出影响的差异。更进一步地，由于技术创新存在时滞效应，导致当年融资会在第二年才能产生技术创新绩效，因此因变量技术创新采用技术创新投入和技术创新产出滞后一期指标。其中，技术创新投入指标以企业上市后下一年的研发投入占营业收入的比重来衡量，反映的是企业获得融资后对技术创新的资金投入程度；技术创新产出以企业上市后下一年内的专利申请数量（包括申请发明专利、实用新型专利、软件著作权）来衡量，反映的是企业获得融资后下一年内以专利申请衡量的技术创新程度，也反映出了企业下一年内的技术创新产出绩效提升程度。

将三种外源融资方式在企业层面进行同时考察，进而在整体框架下同时对三种融资方式对企业技术创新影响进行检验，实现了三种外源融资方式对技术创新影响效果的可比性。其中，核心解释变量融资类型的衡量指标如下：债权融资（Bank）以公司招股时资产负债率来衡量，反映的是企业通过债权融资获得资金的程度，该比例越大表明企业获得债权融资支持的程度越高；股市股权融资（Stock）以企业上市募集资金总额占营业收入比例来衡量，反映的是企业从股票市场获得的融资支持的程度，该比例越大表明公司上市获得的融资支持程度越高；风险投资融资（Venture）以公司招股时风投持有股权比例之和来衡量，反映的是风险投资融资对企业长期股权支持的程度，该比例越大表明风投融资中企业融资和商业化支持程度越高。

进一步地，考虑到企业初始研发水平差异会对后期企业技术创新绩效产生影响，我们选取初始研发水平（Rd）来控制企业初始研发能力对技术创新绩效影响的差异；考虑到企业初始专利水平差异会对后期企业技术创新产出产生影响，我们选取初始专利水平（Patent）来控制企业初始技术创新程度对技术创新绩效影响的差异。核心变量的符号及定义见表1-1。

表1-1 核心变量的符号及定义

变量	变量名称	变量符号	定义
技术创新	创新投入	Reseach	上市后下一年的研发投入占营业收入比例
	创新产出	Technology	上市后下一年内的专利申请数量
融资类型	债权融资	Bank	公司招股时资产负债率
	股市股权融资	Stock	上市募集资金总额占营业收入比例
	风险投资融资	Venture	公司招股时风投持有股权比例之和
控制变量	初始研发水平	Rd	上市前三年研发投入占营业收入比例的平均值
	企业规模	Size	公司招股时总资产（亿元）
	盈利水平	Roe	公司招股时净资产收益率（加权平均）
	风投参与程度	VCnum	公司招股时股东中风投家数
	初始专利水平	Patent	上市前已获得专利的累计数量
行业变量	高科技	Hitech	互联网、信息、生物技术、医药、电子及光电、机械设备
	制造业	Mfg	石油、化工原料、食品及饮料、纺织、金属、木材、造纸
	服务业	Service	交通、金融、批发、房地产、建筑、社会服务、娱乐传媒、教育培训
	基础行业	Other	农业、采掘业

此外，本书选取企业规模、盈利水平、风投参与程度以及行业分类作为控制变量。其中，企业规模（Size）以公司招股时总资产来衡量，控制企业资产规模差异对技术创新的影响。盈利水平（Roe）以公司招股时净资产收益率来衡量，控制企业盈利水平差异对技术创新的影响。风投参与程度（VCnum）以公司招股时股东中风投家数来衡量，控制风投参与程度差异对技术创新的影响。

二、样本选择及数据说明

（一）样本选择

本书研究样本为在中国深圳证券交易所中小企业板和创业板上市的企业。中小板成立于2004年，针对的是中小企业，侧重为具备高成长性的科技型企业提供融资渠道和成长空间；创业板成立于2009年，针对的是创业型企业，侧重为高科技、高成长、高风险企业提供融资途径和发展平台。目前中小板和创业板是中国风险投资公司投资的主要渠道。截至2015年12月31日，深圳中小板和创业板共有上市公司1269家，其中有风险投资参与的企业640家。考虑到上市企业相关数据的可得性和可对比性，我们选择 2010—2015 年间在中小板和创业板上市的 207 家有风险投资参与的公司作为主要的研究样本。

我们通过搜集和整理中小板和创业板上市公司的招股说明书，获取企业上市前三年的研发产出的相关数据、公司招股时风投持有股权比例数据、股东中风投家数数据；通过清科数据库和私募通数据库获得风险投资参与数据；通过国泰安数据库获得公司的总资产和资产负债率数据。

（二）数据说明

从样本总体的技术创新和风险投资参与特征来看，企业平均创新投入为 7.67，说明上市后下一年研发投入占营业收入比例均值为 7.67%；企业平均创新产出为 17.950，说明上市后下一年内的专利申请数量平均为 17.950 个。风投持股比例均值为 26.29%，可以看出中国风险投资机构在所投企业中的股权比例还偏低；风投参与程度均值是 3.792，说明公司上市前风投家数平均为 3.792；样本企业的资产规模均值是 6.230 亿元，企业规模较小，具体数据见表 1-2。

表 1-2　主要变量的描述性统计

变量名称	变量符号	均值	标准差	最小值	最大值	样本量
创新投入	Reseach	7.670	9.274	0.200	98.390	207
创新产出	Technology	17.950	31.490	0	271.000	207
债权融资	Bank	40.840	18.890	3.530	100.000	207
股市股权融资	Stock	1.554	1.535	0.080	9.930	207
风险投资融资	Venture	26.290	21.490	0	100.000	207
初始研发水平	Rd	5.618	3.825	0.200	29.000	207
企业规模	Size	6.230	5.095	0.720	35.490	207
盈利水平	Roe	24.670	11.580	0.520	72.590	207
风投参与程度	VCnum	3.792	2.143	1.000	10.000	207
初始专利水平	Patent	55.110	63.540	1.000	709.000	207

对主要变量的相关关系进行了检验，结果如表 1-3 所示。相关系数结果显示，债权融资比例与企业技术创新投入存在负相关关系，股票市场融资与技术创新投入存在显著的正相关关系。企业初始研发水平、盈利水平与技术创新投入存在显著的相关关系，企业规模与技术创新投入存在负相关关系，而与技术创新产出存在正向相关关系。初始专利水平与技术创新产出存在正相关关系。

表 1–3 主要变量的 Pearson 相关系数

	Reseach	Technology	Bank	Stock	Venture	Rd	Size	Roe	VCnum	Patent
Reseach	1.000									
Technology	−0.071	1.000								
Bank	−0.251**	0.143	1.000							
Stock	0.292***	−0.103	−0.316***	1.000						
Venture	0.193	−0.070	−0.126	−0.023	1.000					
Rd	0.464***	−0.014	−0.318***	0.236**	0.045	1.000				
Size	−0.234**	0.246**	0.361***	−0.395***	−0.007	−0.305***	1.000			
Roe	0.233**	−0.068	−0.135	0.570***	−0.007	0.150	−0.336***	1.000		
VCnum	0.076	−0.100	−0.026	−0.005	0.582***	0.018	0.087	−0.055	1.000	
Patent	0.027	0.329***	0.131	−0.113	−0.016	0.120	0.025	−0.042	−0.014	1.000

注：*、** 和 *** 分别表示在 10%、5% 和 1% 的水平上显著。

三、模型构建

为了考察风险投资对科技企业技术创新的影响效应，本章分析了银行信贷和股票市场融资的影响，在企业层面构建了债权融资、股市股权融资和风险投资融资共同对企业技术创新的影响总模型。该模型较好地比较了风险投资融资与股市股权融资、风险投资融资与债权融资之间的差异，实现了三种融资方式在企业层面的可比性。考虑企业获得融资支持后对技术创新的影响存在时滞效应，技术创新指标采用t+1 期来衡量，具体计量模型为：

$$Reseach = \alpha_0 + \alpha_1 Bank + \alpha_2 Stock + \alpha_3 Venture + \beta_1 Rd + \beta_2 Size + \beta_3 Roe + \\ \beta_4 Vcnum + \varphi_1 Hitech + \varphi_2 Mfg + \varphi_3 Service + e \tag{1}$$

$$Technology = \alpha_0 + \alpha_1 Bank + \alpha_2 Stock + \alpha_3 Venture + \beta_1 Rd + \beta_2 Size + \beta_3 Roe + \\ \beta_4 Vcnum + \beta_5 patent + \varphi_1 Hitech + \varphi_2 Mfg + \varphi_3 Service + e \tag{2}$$

其中，技术创新投入 Research 是企业上市一年后研发投入占营业收入的比例，技术创新产出 Technology 是企业上市后一年内申请的专利总数量。Bank、Stock 和 Venture 分别衡量债权融资、股市股权融资和风险投资融资方式对企业技术创新的融资支持程度。初始研发水平、初始专利水平、企业规模、盈利水平、风投参与程度以及行业分类虚拟变量是控制变量，其中"基础行业"（Other）虚拟变量在回归分析中为行业基准变量；α、β 和 ψ 为估计系数，e 为残差项。

第四节　实证结果

一、对技术创新投入的影响

风投融资对技术创新投入影响的回归结果汇总，见表1-4。从三类外源融资对研发投入影响的回归结果我们可以发现，仅考虑债权融资方式的情况下（模型1），债权融资与企业研发投入之间存在不显著的负相关关系，这表明债权融资对企业技术研发投入的影响并不显著，并没有较好地支持企业技术创新投入的提升，反映出以银行信贷为代表的债权融资方式对企业技术创新投入的支持效果并不积极。同时考虑债权融资和股市股权融资方式的情况下（模型2），股市股权融资与企业研发投入之间呈不显著的正相关关系，而债权融资仍然呈不显著的负相关关系，表明当仅考虑股市股权融资和债权融资情况下，两种融资方式对技术创新投入的影响并不显著，但股权融资相比债权融资系数为正，这表明股权融资比债权融资对企业技术创新投入的影响更积极。在同时考虑三种融资方式的情况下（模型5），风险投资融资和股市股权融资与研发投入之间存在显著的正相关关系，而债权融资系数依然为负，表明风险投资融资和股市股权融资方式比债权融资方式对技术创新投入支持效果更强。值得肯定的是，风险投资融资相比股市股权融资的显著系数更高，这表明风险投资融资对企业技术创新投入的支持作用更大，反映出风险投资融资相比股市股权融资和债权融资对企业技术创新投入的支持效果更积极。从整体模型的实证结果我们也可以发现，风险容忍度最高的风险投资融资对企业技术创新投入的支持作用最强，更能支持企业开展高风险的技术创新活动，进一步证明了风险容忍度越高的融资方式对企业技术创新投入的支持作用越大越积极，本书的假设1得到验证。进一步地，风险投资融资与技术创新投入之间存在显著的正向相关关系，表明风险投资融资对企业技术创新投入有显著的支持作用，假设2得到验证。

表 1-4　风投融资对技术创新投入影响的回归结果

	技术创新投入				
	模型 1	模型 2	模型 3	模型 4	模型 5
债权融资	−0.04420			−0.03340	−0.02120
	−1.31000			−0.97000	−0.62000
股市股权融资		0.82600*		0.73000	0.85400*
		1.7600		1.52000	1.79000
风险投资融资			0.08530***		0.08710***
			2.65000		2.69000
初始研发水平	0.93300***	0.94500***	0.96900***	0.91300***	0.90800***
	5.67000	5.87000	6.13000	5.55000	5.61000
企业规模	−0.04360	−0.03150	−0.07400	−0.00387	0.00773
	−0.33000	−0.24000	−0.58000	−0.03000	0.06000
盈利水平	0.11600**	0.06190	0.11400**	0.06830	0.05860
	2.21000	1.02000	2.21000	1.12000	0.97000
风投持股家数	0.35100	0.35500	−0.13000	0.34100	−0.17000
	1.31000	1.34000	−0.40000	1.28000	−0.52000
高科技行业	2.07500	2.03400	1.41300	2.41600	2.26300
	0.59000	0.58000	0.41000	0.68000	0.65000
制造业	0.30100	0.30600	−0.74300	0.69000	0.16500
	0.08000	0.08000	−0.20000	0.18000	0.04000
服务业	1.28200	0.54300	0.34500	1.28300	1.13500
	0.33000	0.14000	0.09000	0.33000	0.30000
_cons	−1.42400	−3.24400	−2.91100	−2.22600	−2.88600
	−0.34000	−0.79000	−0.72000	−0.53000	−0.69000
F	9.71000	9.50000	9.26000	9.19000	8.75000
Prob > F	0	0	0	0	0
R-squared	0.28100	0.25850	0.27850	0.29700	0.28500
样本量	207	207	207	207	207

二、对技术创新产出的影响

风投融资对技术创新产出影响的回归结果汇总见表 1-5。从三类外源融资对专利申请数量影响的回归结果我们可以发现，总体上看三种外源融资方式均与企业下一年专利申请数量呈正相关关系，但是系数并不显著。其中，当只考虑债权融资方式的情况下（模型 1），债权融资与企业下一年专利申请数量之间存在不显著的正相关关系，这表明债权融资对企业技术创新产出的支持作用并不显著。同时考虑债权融资和股市股权融资方式的情况下（模型 2），两者都与企业专利申请数量之间呈不显著的正相关关系，表明股市股权融资和债权融资对企业技术创新产出的支持作用并没有完全显现出来。在同时考虑三种融资方式的情况下（模型5），三种外源融资的系数均为正，但是均不显著，说明三种外源融资对技术创新产出的正向促进作用并不显著，可能的解释是，企业上市后往往更加注重技术商业化转化，而不是技术研发环节发明专利的申请。此外，以专利申请数量衡量的技术创新产出在较大程度上还受来自企业技术发展阶段、行业特征、市场策略、专利策略等因素的影响，因此很难用融资特征及企业自身特征等变量进行充分解释。

表 1-5　风投融资对技术创新产出影响的回归结果

	技术创新产出				
	模型 1	模型 2	模型 3	模型 4	模型 5
债权融资	0.09880			0.10700	0.11100
	0.82000			0.87000	0.89000
股市股权融资		−0.64100		0.62800	0.66800
		−0.36000		0.37000	0.39000
风险投资融资			0.00557		0.02800
			0.05000		0.24000
初始研发水平	0.34300	0.57900	0.55000	0.32300	0.32100
	0.59000	0.96000	0.92000	0.55000	0.54000
企业规模	1.46800***	1.69900***	1.74500***	1.50200***	1.50500***
	3.14000	3.44000	3.64000	3.14000	3.14000
盈利水平	0.05580	0.04920	0.00722	0.01510	0.01200
	0.30000	0.22000	0.04000	0.07000	0.06000
风投持股家数	−1.67200*	−1.77700*	−1.82400	−1.68100*	−1.84500
	−1.78000	−1.79000	−1.49000	−1.79000	−1.59000
初始专利水平	0.15400***			0.15500***	0.15500***
	4.78000			4.78000	4.77000
高科技行业	−31.06000**	−26.30000**	−25.88000**	−30.79000**	−30.84000**
	−2.50000	−2.01000	−1.98000	−2.47000	−2.46000
制造业	−34.46000**	−30.92000**	−30.48000**	−34.14000**	−34.30000**
	−2.58000	−2.19000	−2.16000	−2.54000	−2.55000
服务业	−39.42000***	−36.88000**	−36.66000**	−39.41000***	−39.45000***
	−2.88000	−2.60000	−2.58000	−2.88000	−2.87000
_cons	30.60000**	37.66000**	37.21000**	29.91000**	29.70000**
	2.07000	2.47000	2.44000	2.01000	1.98000
F	8.14000	207.00000	207.00000	8.28000	8.30000
Prob > F	0	0	0	0	0
R-squared	0.27100	0.26800	0.27400	0.29700	0.24900
样本量	207	207	207	207	207

上述回归结果表明，不同融资方式对技术创新投入和技术创新产出的影响效果存在差异。首先，股权融资方式（包括股市股权融资和风险投资融资）比债权融资能更好地支持企业技术研发投入，表明风险容忍度更高的股权融资方式比债权融资方式能更好地通过容忍和吸收技术创新风险，进而促进企业技术创新投入的提升。其次，股权融资方式中，风险容忍度最高的风险投资融资比股市股权融资对技术创新投入的支持作用更大，表明具有更高的风险容忍度的风险投资融资能够更好地支持高风险技术创新项目，进而对企业技术创新投入具有更明显的支持作用。最后，三种外源融资对企业专利申请数量支持作用并不显著，说明三种外源融资对企业技术创新投入的支持作用相比对技术创新产出更积极。究其原因，我们认为可能是技术创新产出具有较长的时滞效应，导致外源融资对技术创新产出效率的支持效果短期内并不显著。

从控制变量来看，初始研发水平对企业下一年的研发投入水平有显著的正向影响，说明企业初始技术积累对于企业长期技术创新投入有积极的促进作用，这表明企业技术创新投入具有明显的路径依赖。初始专利水平对企业下一年的专利申请有显著的正向影响，说明企业技术创新产出也具有明显的路径依赖和创新惯性作用，这一点与现实相符。企业规模与专利申请数量存在显著的正相关关系，表明企业资产规模对于提升企业技术创新产出有积极影响，说明企业规模越大，专利申请数量越多。

第五节　主要结论与启示

本章分析了风险融资多轮融资过程，论证了风险投资参与可以降低企业技术创新的不确定性、提高企业家风险偏好、降低企业外部融资约束提高企业技术创新绩效的理论机理。在模型分析结果的基础上提出了相关研究假设，基于2010—2015年207家有风险投资参与的中国上市企业作为主要的研究样本，对风险投资机构融资对企业技术创新绩效的影响进行了实证分析。研究结果表明，股权融资方式比债权融资能更好地支持企业技术研发投入，其中风险容忍度最高的风险投资融资比股市股权融资对技术创新投入的支持作用更大。风险容忍度最大的风险投资融资对促进企业技术创新投入有积极影响，而对企业技术创新产出的促进作用并不明显。

上述结论对于推动中国风险投资市场发展、促进企业技术创新具有重要的政策启示。第一，鼓励风险投资机构的发展，提升风险投资机构支持技术创新的风险容忍度。充分发挥风险投资在降低企业技术创新技术研发风险和技术商业化风险方面的作用，通过提升风险投资机构风险容忍度激励其投资高风险科技型企业。第二，鼓励风险投资对技术创新企业的多轮投资，鼓励风险投资采取更多次数投资的方式支持企业技术创新，缓解企业获得风投融资的融资约束。第三，优化外源融资结构，提高股权融资比例。积极发展规范活跃的股票市场带动风险投资市场的发展，依靠高风险容忍度的股权融资方式承担种子期和初创期科技型企业技术创新风险。第四，提高政府行政效率，完善科技金融政策体系。制定和完善有利于科技企业技术创新的政策法规，强化科技政策和科技金融政策对企业技术创新的支撑作用，为企业技术创新提供良好的市场环境、法律环境和融资环境。

第二章 金融资源配置对中国区域技术创新的空间溢出效应

第一节 引言

技术创新的整个过程都需要金融体系的支持，推动金融资源和科技资源的有机结合成为提高科技成果转化为现实生产力的关键。企业是技术创新的主体，科技型中小企业会遇到资金筹集、资源整合、技术定价、项目遴选、信息甄别、委托代理等诸多方面的难题，解决这些难题需要一个良好的金融支持体系。不同经济发展阶段下的企业具有不同的规模特征、风险特性和融资需求，处于不同经济发展阶段的实体经济对于金融服务的需求存在系统性差异。在全球经济增速放缓以及中国经济进入新常态的背景下，如何更好地促进金融资源和科技资源的有效融合成为中国实现创新驱动发展的核心问题。

针对金融资源配置对技术创新和经济增长的影响机理，学者们主要从债权融资和股权融资两方面展开讨论。事实上，债权融资对于传统低风险产业具有一定优势，股权融资对于高风险产业的融资更具优势。现有文献主要探讨如何促进技术创新与金融创新更紧密结合。辜胜阻等（2007）认为企业技术创新需要一个多层次的资本市场提供融资支持。李俊成（2012）认为提高市场融资比例可能提高研发资金推动科技创新的效率。王昱等（2017）认为超过一定边界的金融规模或金融效率不利于企业的创新决策和创新投资。胡苏等（2022）认为企业金融化程度的加深会抑制企业的创新投入和产出。钟凤英等（2022）认为融资约束对创新绩效具有显著的负向影响。孙静（2018）指出中国需要完善银行主导型金融结构对渐进性创新的力度支持，并积极发展直接融资市场。此外，金融发展对区域创新影响的异质性成为当前研究的热点。曹霞等（2017）发现金融发展规模及效率存在区域间正溢出效应，金融结构对于技术创新的支持作用不显著。黎杰生等

（2017）发现金融集聚的技术创新效应具有显著的行业异质性，银行业和保险业集聚对技术创新有显著的促进作用，而证券业集聚则会逆向挤出技术创新。戚湧等（2018）发现我国区域创新能力存在显著的空间正相关性，直接融资市场发展显著提升区域创新能力。

中国的技术创新融资支持体系正处在从债权融资模式向股权融资模式的过渡发展阶段。银行信贷融资本身风险识别、风险评估、风险分担的诸多限制，导致债权融资模式相比股权融资不能有效激励科技企业的技术试错和商业探索，制约了金融资源对技术创新的支持。已有研究忽视了股权和债权融资模式对技术创新风险容忍度的差异，且鲜有研究检验金融资源配置的区域失衡和结构失衡对区域技术创新影响溢出效应的差异。本书的主要贡献如下：第一，将结构失衡引入金融资源配置对区域创新影响的分析框架中，丰富了股权和债权融资对区域创新支持效应的理论机制。第二，将区域失衡引入金融资源配置对区域创新的实证模型，弥补了以往研究对金融支持创新空间溢出效应的忽视。第三，实证发现了中国技术创新金融支持体系存在结构性失衡和区域失衡，且存在较强的空间溢出效应，研究结论为中国提高股权融资比例、加速科技与金融的结合提供决策依据和理论指导。

第二节　理论机理与研究假设

银行信贷债权融资与股票市场股权融资是两种最主要的金融资源配置方式。然而，股权和债权融资在项目审查机制、处理信息不对称、价格发现和风险管理机制等方面存在差异，导致其对技术创新具有不同的风险容忍度。一方面，银行信贷债权融资往往需要抵押物，使得债权融资契约并不适合缺乏抵押物的高风险创新项目，且银行无法克服高风险创新项目的信息不对称问题和代理问题，导致信贷资源更倾向于支持部分技术创新不足的大企业。另一方面，股票市场股权融资没有资产抵押要求，而且股票市场更具信息获取优势，在风险管理、信息审查、管理激励等方面更具优势，并能有效规避高风险项目伪装成为低风险项目所导致的道德风险问题，从而帮助了高技术、高风险中小科技企业通过股权获得额外资金。

  银行信贷融资与股票市场融资对区域技术创新的影响并不是替代效应，而是互补效应。不同技术创新阶段的融资需求是不同的，较低技术创新水平的研发活动更需要银行信贷融资支持，而高水平技术创新活动往往更需要股权融资支持。当股票市场融资不发达的情况下，银行信贷融资可以为企业技术创新（较低的技术不确定性项目）提供融资支持，融资约束的缓解能够提高企业家风险偏好程度，鼓励企业家更多地从事技术创新活动。更进一步地说，结合全球金融发展和科技金融的发展实践来看，发达国家依靠繁荣的股票市场支持高水平技术创新，而发展中国家股票市场对技术创新的贡献并没有显现出来。而中国是发展中国家，中国的金融体系一般都属于银行中介主导为主的金融结构，股票市场融资并不发达。

  事实上，不同的金融资源配置方式会对区域创新绩效的影响存在显著差异。金融资源配置主要通过以下因素对区域技术创新产生影响：一是金融资源规模，规模越大对技术创新的资金投入越强，且金融体系也具有更大的技术试错空间，更能支持高风险技术创新项目；二是金融资源结构，股权融资比例越高则金融体系越能够提供多元化金融产品和服务，且股权融资比债权融资具有更大的风险容忍度，更有利于支持突破式创新和颠覆式创新；三是金融服务效率，金融服务质量越高则金融资源配置效率和金融风险管理能力越强，越能分散技术创新风险，提升技术创新绩效；四是金融监管效率，金融监管效率越高则法律体系越完善，金融安全越有保障，金融市场环境越稳定，技术创新的外部市场环境越好越有利于加速技术市场化。

  针对金融资源配置对中国区域创新的影响，有越来越多的学者进行了深入研究。张玉喜和赵丽丽（2015）发现金融市场投入对科技创新的作用效果较小。周永涛和许嘉扬（2013）发现中国非国有部门贷款对技术创新具有显著的正向影响，而股票市场对技术创新的正向促进作用不明显。李后建和张宗益（2014）发现金融市场化妨碍了技术创新效率，支持技术创新需要建立与之区域经济发展阶段相适应的金融支持体系。方福前和邢炜（2016）认为金融发展使得中国经济短期波动和长期增长之间的关系更偏向正相关。李晓龙等（2017）发现金融发展结构有利于实现创新资本的优化配置，金融发展效率有利于降低技术创新企业的融资成本。蔡竞和董艳（2014）发现银行业竞争性的市场结构对中小企业研发创新行为具有显著的积极作用。中国当前是以银行信贷融资为主的融资结构，股票市场融资规模和融资比例虽然偏低但逐年提高，股票市场融资对技术创新的支持作用逐步显现。于是，结合中国的现实背景，本章提出以下假设：

假设 1：中国银行信贷融资对技术创新有显著的正向影响。

假设 2：中国股票市场融资对技术创新有显著的正向影响。

近年来，学者们都从不同角度论证了金融集聚效应的存在，如洁迪迪亚（Jedidia）等盛安琪等（2018）、李后建等（2014）和张林（2016）都分别从金融集聚、融资结构等视角下对金融发展与技术创新之间的关系进行了实证分析，研究结论都强调技术创新与金融发展相互融合的重要性。然而现有研究大多忽视了技术创新的空间特征，较少考虑面板数据的空间依赖性和空间相关性。金融发展的不平衡导致了金融资源存在空间集聚效应，技术创新能力同样也存在空间集聚效应，高技术创新水平地区会对周边地区产生明显的空间溢出效应，推动区域技术创新水平之间出现类似经济增长收敛性的技术创新差异的趋同效应，进而长期推动区域技术创新的协同发展。

由于中国各省份技术创新存在明显的技术创新阶梯分布特征，这种地理邻接效应会对周围省份产生技术外溢效应，地理空间相近的省份之间有利于技术创新能力的相互促进，即高技术创新省份会带动周围省份技术创新的提升。进一步地说，由于东部地区无论银行信贷融资规模还是股票市场融资规模都远远高于中西部省份，东部地区金融发展对技术创新的影响更接近全国结果，于是考虑到省域技术创新存在的空间相关性以及区域金融发展对技术创新支持效果的差异性，本章提出以下假设：

假设 3：中国技术创新存在显著的正向空间相关性。

第三节　研究设计

一、实证模型构建

空间计量模型主要有空间杜宾面板数据模型（SDM）、空间滞后模型（SLM）和空间误差模型（SEM）。为了更好地考察金融发展对技术创新产出作用效果的长期性，本章将被解释变量的前一期滞后项加入解释变量。借鉴贝克（Beck）、张玉喜等（2015）、陈东等（2014）的方法，估计模型采用空间杜宾面板数据模型，模式设定如下：

$$Panent_{i,t} = \alpha_0 + \alpha_1 Panent_{i,t-1} + \rho WPanent_{i,t} + \beta_1 Bank_{i,t-1} + \beta_2 Stock_{i,t-1} + \gamma_1 Eco_{i,t}$$
$$+ \gamma_2 Edu_{i,t} + \gamma_3 Rd_{i,t} + \gamma_4 Gov_{i,t} + \gamma_5 Fdi_{i,t} + \varepsilon_{i,t} \tag{1}$$

公式中，W 表示 n×n 的空间加权矩阵，采用空间邻接矩阵和空间距离矩阵，意味着不同地区在空间地理上的相邻关系和距离远近。ρ 为空间回归系数，表示反映观测值空间依赖性的系数。$Patent_{i,t}$ 表示第 i 个省份第 t 年的技术创新水平，$Patent_{i,t-1}$ 表示第 i 个省份第 t−1 年的技术创新水平，用专利申请量和专利授权量来衡量。Bank 衡量银行信贷融资发展的程度，Stock 衡量股票市场融资发展的程度。其他解释变量包括：Eco 表示经济发展水平；Edu 表示人力资本水平；Rd 表示研发经费内部支出水平；Gov 表示政府财政支出；Fdi 表示外商直接投资水平；Pro 表示省份差别虚拟变量；α_i、β_i、γ_i、λ_i 为估计系数，$\varepsilon_{i,t}$ 为随机扰动项。

鉴于空间相关效应的存在，传统的 OLS 方法对空间滞后模型的估计不但有偏而且还不一致。对于空间计量模型的估计，佩萨兰（Pesaran）认为极大似然估计相对 GMM 估计方法更加渐进有效，可以解决空间计量模型的估计问题。本书借鉴埃尔霍斯特（Elhorst）的方法，采用极大似然函数对数对动态空间计量模型进行估计。空间面板模型会面临由反向因果、遗漏变量、测量误差等产生的内生性问题，为消除由变量内生性引起的估计误差，引入核心解释变量滞后项作为工具变量，可以有效减轻变量内生性问题。此外，本章采用不同空间权重矩阵进行回归分析，增强了结论的稳健性。相关变量的定义和说明，见表 2-1。

表 2-1 变量定义和说明

变量	变量名称	变量符号	变量定义
被解释变量	技术创新	Patent	发明专利和实用新型专利授权数 / 万人，取自然对数
核心解释变量	银行融资	Bank	银行信贷 /GDP
	股票融资	Stock	股票融资 /GDP
其他解释变量	经济发展水平	Eco	人均 GDP（元），取自然对数
	人均受教育年限	Edu	6 岁以上人口平均受教育年数
	研发经费	Rd	R&D 经费内部支出（万元），取自然对数
	财政支出	Gov	财政支出（万元），取自然对数
	外商直接投资	Fdi	外商直接投资额（万美元）/GDP
	省份	Pro	省份虚拟变量（东部省份 1，中西部省份 0）

二、指标选择

（一）技术创新指标

技术创新（Patent）是因变量。技术创新是将科学发现和技术发明应用到生产体系，创造新价值的过程，包括技术研发、技术成果转化、技术产业化和技术扩散等阶段。国内外学者一般用专利申请量、专利授权量和专利引用次数等指标衡量技术创新发展。鉴于专利引用次数受到其他因素影响且存在较长的滞后性，不能准确反映当年技术创新发展程度。专利申请受理量反映了区域内技术储备的规模，更反映了该地区技术创新潜力。专利授权量是专利部门正式授予专利的数量，反映了该地区真实的技术创新水平。因此，本书采用专利申请受理量和专利授权量作为技术创新的指标。数据均来源于《中国科技统计年鉴》，缺失数据通过趋势外推法进行补充。

（二）金融发展指标

金融发展是主要的解释变量。中国是以银行信贷间接融资为主导的金融体系，股票融资和债券等直接规模比重虽然有所提高但其比重仍较低。根据中国人民银行公布的 2015 年地区社会融资规模和融资结构数据显示，东西部融资结构差异明显——中、西部地区融资对银行贷款的依赖度明显高于东部地区，东部地区直接融资占比较高。借鉴贝克、李后建（2014）的研究，本书采用地区社会融资中人民币信贷与各省生产点值的比值来衡量各省银行信贷发展程度，反映银行中介通过间接融资模式对实体经济和技术创新的支持力度；采用地区社会融资中股票融资与各省 GDP 的比值来衡量各省金融市场发展程度，反映金融市场直接融资模式对实体经济和技术创新的支持力度。数据源自中国人民银行历年《地区社会融资规模统计数据》和《中国金融年鉴》。

（三）其他指标

本章根据余泳泽（2011）和周永涛（2013）的建议，选取如下其他解释变量：①经济发展水平，用人均生产总值（元）来表示，反映各省当年的经济发展的初始水平；②人均受教育年限，用 6 岁以上人口平均受教育年数来衡量，反映各省人力资本发展水平；③研发经费，用 R&D 经费内部支出来衡量，反映的是各省对技术研发的内部资金支持；④财政支出，用政府财政支出金额来衡量，反映政府提供公共服务的程度；⑤外商直接投资，用各省外商直接投资额来衡量，反映各省实际吸收外资引进技术的能力。此外，由于各省之间经济发展水平不均衡，以及金融规模和金融结构的巨大差异，采用地区虚拟变量区分东部地区和中西部地区。

三、数据来源

根据研究需要和数据的可获得性，本书选取 2002—2016 年共 15 年，对全国 30 个省、市和地区的面板数据进行研究。原始数据来源于《中国统计年鉴》《中国科技统计年鉴》《中国金融年鉴》《中国区域金融运行报告》《中国人口统计年鉴》。其中，技术创新数据（专利申请受理量和专利授权量）来源于《中国科技统计年鉴》（2003—2014），金融发展指标来源于《中国金融年鉴》（2003—2014）和中国人民银行《中国区域金融运行报告》（2003—2014）和各省金融运行报告，教育年限数据来自《中国人口统计年鉴》，研发经费、财政支出和外商直接投资数据来自《中国统计年鉴》和各省统计年鉴。

第四节　实证结果与分析

一、描述性统计分析

主要变量的描述性统计特征和相关性检验见表 2-2。可以发现，银行融资规模远高于股票市场融资，表明中国是以银行信贷融资为主导的金融结构，企业融资方式更多依靠银行信贷融资模式支持技术创新；各省技术创新水平和金融发展水平存在较大差异，各省技术创新所需的人力资本、基础设施、政府支持程度也存在差异。银行信贷发展与技术创新之间存在非常显著的负相关关系，而股票市场发展技术创新之间存在不显著的正相关关系。经济发展水平、人力资本、研发经费、财政支出和外商直接投资与技术创新之间存在显著的正相关关系，上述结果符合本研究的预期。

表2-2 主要变量的描述性统计及相关性检验

变量	Patent	Bank	Stock	Eco	Edu	Rd	Gov	Fdi
均值	3.081	0.161	0.009	9.137	8.009	11.233	15.033	24.168
标准差	1.443	0.091	0.019	0.659	0.988	2.523	0.854	20.343
最小值	0.154	0.021	0	7.927	5.919	3.565	13.465	0.660
最大值	36.583	0.804	0.273	11.441	12.107	16.421	18.141	145.621
观测数	360	360	360	360	360	360	360	360
相关系数								
Patent	1.000							
Bank	−0.327	1.000						
Stock	0.052	0.303*	1.000					
Eco	0.596*	−0.081	−0.062	1.000				
Edu	0.395*	−0.080	−0.125	0.565*	1.000			
Rd	0.652*	−0.226	−0.055	0.683*	0.511*	1.000		
Gov	0.781*	−0.144	0.027	0.747*	0.378*	0.817*	1.000	
Fdi	0.413*	−0.152	−0.006	0.452*	0.344*	0.261*	0.053	1.000

二、空间面板回归

（一）空间相关性分析

进行空间计量分析之前，本书采用莫兰（Moran）提出的空间自相关 Moran'I 指数来检验各个地区技术创新变量之间的空间相关性。Moran'I 指数的计算公式如下：

$$Moran'I = \frac{\sum_{i=1}^{n}\sum_{j=1}^{n} W_{ij}(Y_{ij} - \bar{Y})}{S^2 \sum_{i=1}^{n}\sum_{j=1}^{n} W_{ij}}$$

公式中，$S^2 = \frac{1}{n}\sum_{i=1}^{n}(Y_i - \bar{Y})$，$\bar{Y} = \frac{1}{n}\sum_{i=1}^{n} Y_i$，$Y_{ij}$ 表示第 i 个地区的第 j 个观测值，n 表示地区总数，W_{ij} 表示空间权重矩阵，旨在定义空间对象的邻接关系或地理距离。Moran'I 取值范围为 [−1，1]，小于 0 表示空间负相关，大于 0 表示空间正相关，其绝对值越大表明空间相关程度越高。

根据上式计算得出的 2002—2016 年中国技术创新的 Moran'I 值，见表 2-3。可以发现，技术创新的 Moran'I 值主要集中在 −0.009~0.056 之间波动，且大部分通过了 1% 的显著性检验。指数整体上呈现逐年上涨趋势， 这表明中国技术创新水平的空间随机分布假设被拒绝，技术创新水平存在正向的空间自相关性，在地理空间上呈现出明显的集聚效应。

表 2-3　中国技术创新的 Moran's I 值

年份	2002	2003	2004	2005	2006	2007	2008	2009
Moran's I	−0.009	0.019	−0.004	0.002	0.018	0.030	0.032	0.047
P 值	0.180	0.039	0.141	0.104	0.047	0.024	0.022	0.007
年份	2010	2011	2012	2013	2014	2015	2016	
Moran's I	0.049	0.054	0.056	0.055	0.051	0.046	0.042	
P 值	0.006	0.002	0.002	0.003	0.002	0.003	0.003	

为了进一步分析不同省份技术创新能力之间的空间相关模型是否存在异质性，图 2-1 描述了技术创新局域 Moran'I 指数的散点图，显示了技术创新空间滞后 z 作为横轴与邻近值的加权值 Wz 作为横轴的分布情况。

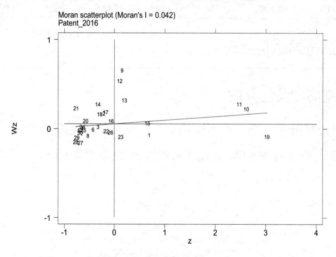

图 2-1　各省份 2016 年技术创新 Moran's I 散点图

表 2-4 显示了各省技术创新空间聚集类型。可以发现，中国技术创新水平总体偏低，且呈现出东部沿海地区"高—高"集聚和西部地区"低—低"集聚两种主要类型。以上海等长三角省份为主位于第一象限，属于"高—高"正空间自相关集群；以湖北、河南等中部省份为主位于第二象限，属于"低—高"负空间自相关集群；以山西、辽宁、新疆等西部省份为主位于第三象限，属于"低—低"正空间自相关集群；以北京、广东和四川省份位于第四象限，属于"高—低"负空间自相关集群。值得注意的是，中西部科技资源大省包括四川、安徽、河南、湖北和陕西已经开始出现技术创新空间聚集效应，这有可能成为中国技术创新集群中新的一极，带动中西部科技创新水平的提升，有利于实现东西部技术创新发展平衡。

表2-4　中国各省技术创新空间聚集类型

聚集类型	象限	省份
"高—高"型	第一象限	江苏、浙江、山东、上海、安徽、福建
"低—高"型	第二象限	江西、湖北、湖南、河南、海南、天津
"低—低"型	第三象限	河北、山西、内蒙古、辽宁、吉林、黑龙江、广西、重庆、贵州、云南、陕西、甘肃、青海、宁夏、新疆
"高—低"型	第四象限	广东、北京、四川

（二）空间面板回归结果

首先，本书使用 Stata 12.0 软件对空间计量模型进行估计，空间动态面板回归结果见表2-5。其中（1）至（3）列为地理邻接权重模型，（4）至（6）列为地理距离权重模型。由表2-5可知，6个模型中的空间相关系数均是显著的。这表明地理特征对技术创新及其空间相关性产生了显著的正向影响，这反映了地理空间相邻和相近的省份之间有利于技术创新能力的相互促进，中国技术创新存在显著的空间正相关特征，表明中国金融资源配置对技术创新存在较强的空间溢出效应，这一结果支持假设5。此外，同时考虑银行信贷融资和股票市场融资情况下，空间距离权重下空间相关系数明显高于空间邻接权重下的空间相关系数，这表明空间距离权重相比空间邻接权重对于推动技术创新具有更大的促进作用。可能的原因是，省会城市往往是该省份技术高地和创新集聚中心，较高创新水平的省会城市对邻接省会城市产生较强的技术扩散和创新辐射，从而产生强烈的技术溢出效应。这反映出区域创新中心之间的地理距离要比邻接距离对技术创新的辐射效应更强烈，表明技术创新中心之间地理距离的远近相比邻接距离具有更大的空间溢出效应。进一步地说，空间距离越近越有利于区域各创新要素之间的集聚效应，通过加速创新链、产业链、融资链和价值链的融合发展，从而形成更大的区域创新网络提升区域创新绩效。

其次，技术创新的一阶滞后项（L.Patent）的系数值也在1%的水平下显著为正，且系数值较高。这与之前动态面板结果是一致的，说明技术创新存在明显的路径依赖。这反映出区域技术创新的实现路径具有较高惯性，技术创新路径容易被锁定在原有技术创新模式下。银行信贷对技术创新的系数都为正，但是不显著，说明银行信贷融资对技术创新的支持作用还不显著。可能的原因是，银行天生的风险规避倾向和不能有效克服信息和代理问题，导致银行信贷资源更多地流入创新不足的大企业，而对中小科技企业创新融资的支持不足。股票市场融资对技术创新的系数为正，且也不显著，说明在当前中国股票市场发展水平下，股票市场融资尚未发挥对技术创新的支持作用。可能的原因是股权融资模式还不完善，股票市场的信息披露和项目筛选等金融功能还不完善，降低了机构投资者对低流动性、高技术、高回报创新项目的投资意愿。实证结果表明，中国债权融资和股权融资对区域创新绩效的激励机制尚未充分发挥作用，亟须缓解科技企业融资约束，提高企业研发投入提升区域创新绩效。此外，科技与金融结合过程中需要重视区域技术创新的集聚效应，通过加强科技和金融的区位融合提升区域创新效率。

在空间计量模型中其他解释变量的系数估计结果显示，经济发展水平、财政支出、外商直接投资全部为正，表明经济发展水平越高越可以支持更高水平技术创新、政府的财政支持力度越大越能够为技术创新提供更好的基础设施和经商环境，从而支持技术创新。外商投资通过技术外溢效应对区域技术创新水平具有正向促进作用。

表 2-5　空间动态面板估计结果

	空间邻接权重矩阵			空间距离权重矩阵		
	模型 1	模型 2	模型 3	模型 4	模型 5	模型 6
L.Patent	0.8820***	0.8520***	0.9120***	0.8450***	0.9540***	0.9570***
	−61.8100	−60.3400	−59.3200	−61.7100	−59.2800	−58.7000
w·Patent	0.0250**	0.0590***	0.0620***	0.0280**	0.0350***	0.0710***
	−2.44800	−2.6880	−2.6980	−0.4510	−0.5280	−1.3150
Bank		0.0470	0.0370		0.0500	0.0370
		−0.7500	−0.6000		−0.7900	−0.5800
Stock			0.0170			0.2870
			−0.0400			−0.7900
Eco	0.0070	0.0010	0.0070	0.0110	0.0030	0.0030
	−0.2400	−0.0200	−0.2400	−0.3400	−0.0900	−0.0700
Edu	−0.0140	−0.0140	−0.0130	0.0180*	0.0200**	0.0220**
	−1.3900	−1.5200	−1.4300	−1.7000	−2.1200	−2.1800
Rd	0.0070**	0.0080**	0.0060**	0.0060*	0.0080*	0.0070*
	−2.2200	−2.2200	−2.0600	−1.6200	−1.7500	−1.8100
Gov	0.0560***	0.0650***	0.0610***	0.0540**	0.0480**	0.0350**
	−4.5500	−4.5500	−3.8200	−2.4600	−2.3200	−1.7700
Fdi	0	0	0	0.0010	0.0007*	0.0007*
	−0.6300	−0.7400	−0.6800	−1.3600	−1.7600	−1.8000
constant	−0.3920	−0.2620	−0.2540	−0.0230	0.0530	0.0390
	−0.8800	−0.5800	−0.5100	−0.8800	−0.9700	−0.0800
Adjust−R2	−4.5500	−4.5500	−4.2210	−2.7170	−2.5660	−1.9740

续表

	空间邻接权重矩阵			空间距离权重矩阵		
	模型1	模型2	模型3	模型4	模型5	模型6
LogL	143.2850	144.4630	146.0430	151.7790	153.7190	158.3030
N	390.0000	390.0000	390.0000	390.0000	390.0000	390.0000

注：①检验系数下方数值为t值；②*、** 和 *** 分别表示在10%、5%和1%的水平上显著。

第五节　结论与启示

本章从中国金融结构现状和技术创新发展现状出发，基于2002—2016年中国30个省级行政区面板数据，采用面板计量模型对中国银行信贷融资与技术创新的关系进行了实证分析。研究发现，中国是以银行中介为主导的金融结构，企业融资方式更多依靠银行信贷融资模式支持技术创新；中国股票市场融资对高水平技术创新的支持作用并不显著，股票市场对技术创新的激励机制还没有充分发挥。中国技术创新存在显著的正向空间相关性，空间距离越近越有利于技术创新区域之间的相互促进，且地理距离越小技术扩散就越容易发生。

上述研究表明，中国金融体系对技术创新存在空间溢出效应，且存在结构性失衡和区域失衡，技术创新融资更多依赖信贷债权融资体系，而股票市场股权融资对技术创新应有的支持作用还没有充分发挥。因此，我们不仅要关注金融资源配置对技术创新的总体影响，更需要研究金融资源存量的空间效应，从而提高科技金融政策的有效性。基于此，作者为中国完善科技金融支持体系提出以下政策建议：

1.完善科技企业信贷支持体系。鼓励商业银行积极开展科技企业投贷联动业务试点，大力发展孵化贷、成长贷、研发贷、知识产权贷、集合担保贷等金融产品，提升银行信贷债权融资对区域创新的支持效果。

2.提高直接融资特别是股权融资比重。加速完善多层次资本市场，鼓励天使投资、风险投资、私募股权、并购基金对种子期和初创期科技企业的融资支持力度。

3.鼓励金融资源和科技资源的跨区域配置。实施差异化的科技金融支持政策，鼓励和引导东部金融机构参与中西部科技企业的技术创新，鼓励技术要素跨区域优化配置。

4.完善科技金融服务体系，充分发挥区域空间溢出效应。建立全域性科技金融服务体系和区域创新支持体系，充分发挥东部地区金融资源的外溢效应。

第三章 多轮风险投资参与对上市企业创新绩效的影响

第一节 引言

由于技术不确定性的存在，企业技术创新过程面临较高的技术研发和技术商业化风险，良好的风险资本市场可以通过容忍并承担技术试错和商业探索的风险较好地支持创新。风投机构通过多轮投资方式能够分阶段给予企业融资和商业支持，这种多轮投资过程具有更大风险容忍度和技术试错空间，提高了创新成功概率，更有利于支持技术创新。研究多轮风险投资参与对技术创新的影响路径，对于完善风险资本市场和鼓励创新创业具有重要的理论和现实意义。

本章采用2010—2015年间在中小板和创业板上市的299家有风险投资参与的创新型企业作为主要的研究样本对研究假设进行检验，实证结果表明风险投资轮数对技术研发绩效有正向影响，进入时点越早对技术商业化绩效的影响越积极。本章创新之处在于从风险容忍度视角拓展了风险投资融资对技术创新决策的影响路径，丰富了风投机构影响企业家风险偏好变动的研究框架，为风投在企业不同技术创新阶段的融资支持策略提供了理论指导。

第二节 理论分析与研究假设

考虑了多轮风险投资参与过程对企业家预期收益率的影响，作者提出了多轮风险投资通过提升企业家风险偏好最终影响技术创新绩效的理论分析框架，理论分析模型如图3-1所示。

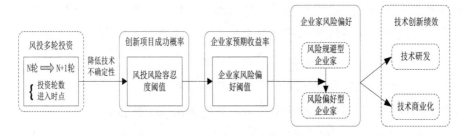

图 3-1 理论分析模型

一、理论分析

风险容忍度是市场对实体经济真实发生风险的风险承担和风险吸收能力。风险容忍度主要体现为市场对技术创新试错和技术创新失败风险的风险承担和风险缓释能力。本章主要考察了具有高风险容忍度的多轮风险投资对企业家创新风险偏好的影响路径，并考察了风投参与对技术研发和技术商业化影响的差异。本书风险容忍度视角强调的是多轮风险投资对技术创新风险的容忍和吸收能力能够提高创新项目成功概率，进而提高企业家技术创新风险偏好。

多轮风险投资参与可以简化为一轮（N）融资和两轮（N+1）融资模型。多轮风险投资参与对技术创新的影响路径如下：第（N+1）轮融资与创新有关的不确定性会在第 N 轮融资的基础上减少，从而使第（N+1）轮融资技术创新成功概率提高，进而提高对项目的预期收益率，使得风投机构调高了整体的风险容忍度阈值，即其风险偏好的提升。

二、研究假设的提出

苟燕楠和董静（2014，2013）发现风险投资进入越早对技术创新的影响越积极，风险投资机构的经验越丰富对研发投入的影响越积极，研发投入与企业绩效的正相关关系具有倒 U 型调节效应。李俊成和马菁（2017）认为提高市场融资比例可能提高研发资金推动创新的效率。风险投资机构具有较高风险容忍度，风投参与可以降低技术不确定性，提高企业家风险偏好进而对技术创新有积极影响。技术独立董事的存在会弱化风险投资对技术创新不利方面的影响，因此，可以提出以下假设：

假设 1：风险投资参与对企业技术创新有显著的正向影响。

风险投资多轮投资的预期收益比单轮投资要高，使得多轮投资机制激励更多风险投资公司对创新项目进行更多次数的融资支持。随着风险投资对企业投资的次数越多，技术创新项目成功的概率也就越大。因此，风险投资支持企业融资的次数与技术创新成功概率呈正相关关系，风险投资多轮融资机制提高了企业家技术创新风险偏好，激励企业家更积极参与技术创新活动。更具体的，由于技术创新过程包括技术研发和技术商业化环节，我们提出以下假设：

假设2：风险投资多轮融资次数的增多对企业技术研发绩效有显著的正向影响。

假设3：风险投资多轮融资次数的增多对企业技术商业化绩效有显著的正向影响。

风投机构对企业家技术创新过程中技术商业化支持越早，越可以降低技术商业化失败的风险，进而整个技术创新项目的成功概率也就越大。风险投资参与技术创新活动阶段越早，越能够提升企业家技术创新风险偏好，激励企业家从事技术创新，风险投资越能够为企业提供技术商业化管理支持，进而提高了技术创新成功概率。因此，风险投资提前进入对技术创新有积极影响。印德斯特（Inderst）和缪勒（Mueller）发现在竞争激烈的产品市场领域，获得风险投资支持的企业在投资、利润和企业成长方面都优于普通企业。更进一步地说，风投参与不仅提升了项目成功概率，也加速了企业在商业上成长成熟的进程，缩短了企业从初创到上市的时间。科伦坡（Colombo）、哈苏（Hsu）和琳赛（Lindsey）认为风险投资参与也为不知情的第三方市场参与主体提供了公司质量的"信号"，有风险投资支持背景的公司可以获得更多的外部资源和竞争力。凯斯·尼格（Keus·chnigg）提出风险投资市场为风险投资家和企业家提供了良好的风险与资金合作平台，实现了企业家的技术优势和风险投资家的资本和管理优势的结合。外部风投模式比内部风投模式更有利于提升技术创新绩效，拉尔（Lahr）和迈纳（Mina）发现风险资本家遵循专利信号来投资具有商业上可行的技术的公司。基于此，提出以下假设：

假设4：风投机构介入越早越有助于提高企业技术研发绩效。

假设5：风投机构介入越早越有助于提高企业技术商业化绩效。

第三节 模型构建与指标选取

一、变量定义

（一）因变量

学者们普遍采用专利产出数量来分别衡量创新产出水平。本书认为技术创新是包含技术研发和技术商业化的动态整体过程，风险投资可以降低技术研发风险和技术商业化风险。因此，本书最终选用研发产出（Patent）来衡量技术研发效率，采用商业化效率（Com）来衡量企业技术商业化效率。其中，技术研发效率采用企业上市前三年已获得的发明和实用新型专利等的累积数量来衡量，反映的是企业获得技术研发成功的效率；技术商业化效率采用公司从成立到上市所需时间来衡量，反映的是企业从初创到产品或服务得到市场认可并产生持续盈利，最终获得公开市场认可的发展速度，体现的是企业取得技术商业化成功的效率。

（二）自变量

风险投资是否参与企业发展，可以根据企业公布的招股说明书中披露的股东信息来获取。风险投资参与的程度采用风投持股比例（VCshare）和风投持股家数（VCnum）来衡量，其中，风投持股比例考察的是风投持股权重对技术创新的影响，风投持股家数考察的是风险投资参与企业投资的次数和频度，衡量的是风险投资多轮投资的程度。

风险投资进入时点是基于风险投资公司首次对企业进行风险投资时企业发展所处的阶段来衡量。钱旭潮、范苗苗（2019）将企业技术创新分为：微创新、集成创新、延伸创新和持续创新。本书参考清科数据库私募通数据库的针对企业发展阶段分类，将风投参与的企业分为初创期、发展期、扩张期和成熟期，并分别使用0-1虚拟变量进行测度。风险投资进入时点数据来自企业上市招股说明书以及清科数据库中的私募通数据库中获得。主要变量的定义如表3-1所示。

（三）控制变量

本章将企业资产规模、企业资产负债率和行业分类作为控制变量。其中，企业研发投入（RD）用上市前三年研发费用占营业收入比例的平均值来衡量，控制企业研发投入对技术创新的影响。企业资产规模（Size）用公司上市前招股说明书上最近一年的总资产来衡量，控制企业发展规模对技术创新的影响。企业资产负债率（Debit）用公司上市前招股说明书上最近一年的资产负债率来衡量，控制企业负债情况对技术创新的影响。由于不同行业的公司技术创新水平和获得融资的难易程度存在明显差异。对公司所处行业的影响，我们将研究样本分为高科技行业、制造业、服务业和基础行业四大类，并分别以 0-1 变量进行测度。

表 3-1　主要变量的定义

变量	变量名称	变量符号	定义
技术研发	研发产出	Patent	上市前已获得专利的累积数量
技术商业化	商业化效率	Com	公司成立到上市所需时间
风投参与	风投持股比例	VCshare	公司招股时风投持有股权比例之和
	风投持股家数	VCnum	公司招股时股东中风投家数
风投进入时点	初创期	Start	虚拟变量，第一轮投资是否是初创期
	发展期	Growth	虚拟变量，第一轮投资是否是发展期
	扩张期	Expansion	虚拟变量，第一轮投资是否是扩张期
	成熟期	Mature	虚拟变量，第一轮投资是否是成熟期
控制变量	研发投入	RD	上市前三年研发费用占营业收入比例的平均值
	企业规模	Size	公司招股时总资产（亿元）
	负债率	Debit	公司招股时资产负债率
行业变量	高科技	Hitech	互联网、信息、生物技术、医药、电子及光电、机械设备
	制造业	Mfg	石油、化工原料、食品及饮料、纺织、金属、木材、造纸
	服务业	Service	交通、金融、批发、房地产、建筑、社会服务、娱乐传媒、教育培训
	基础行业	Other	农业、采掘业

二、样本选择及数据说明

（一）样本选择

本书研究样本为在中国深圳证券交易所中小企业板和创业板上市企业。中小板成立于 2004 年，创业板成立于 2009 年，均侧重为高成长高风险的科技型企业提供融资平台。截至 2015 年 12 月 31 日，深圳中小板和创业板共有上市公司 1269 家，其中有风险投资参与的企业 640 家。考虑到上市企业相关数据的可得性和可对比性，我们选择 2010—2015 年间在中小板和创业板上市的 299 家有风险投资参与的企业作为研究样本。我们通过搜集和整理上市公司的招股说明书，获取了企业上市前三年的研发相关数据、公司招股时风投持有股权比例数据、股东中风投家数数据；通过清科数据库和私募通数据库获得风险投资参与技术创新的进入时点数据；通过国泰安数据库获得公司的总资产和资产负债率数据。

（二）数据说明

从样本总体的技术创新和风险投资参与特征来看，企业平均研发产出为50.73，即已获得专利数量均值为50.73件，表明上市公司一般具备了较好的技术创新实力；商业化效率为11.83，即上市公司一般需要花费将近12年才能上市；风投持股比例均值为25.46%，可以看出中国风险投资机构在所投企业中的股权比例还偏低；样本企业的资产规模均值是5.324亿元，企业规模较小；资产负债率均值为0.406，具体数据见表3-2。

表3-2　主要变量的描述性统计

变量名称	变量符号	均值	标准差	最小值	最大值	样本量
技术创新产出	Patent	50.730	58.310	0	709.000	299
商业化效率	Com	11.830	4.735	1.000	32.000	299
风投持股比例	VCshare	25.460	20.670	0	100.000	299
风投持股家数	VCnum	3.645	2.278	0	20.000	299
研发投入	RD	5.939	4.050	0.280	33.300	299
企业规模	Size	5.324	4.567	0.720	35.490	299
负债率	Debit	0.406	0.174	0.040	1.000	299

对主要变量的相关关系进行了分析，结果如表3-3所示。相关系数结果显示，风投持股比例与技术研发和技术商业化之间存在正相关关系；风投持股家数与技术研发之间存在显著正相关关系，与技术商业化存在不显著负相关关系。

表3-3　主要变量相关性分析

	Patent	Com	Start	Growth	Expansion	Mature	VCshare	VCnum	Size	Debit
Patent	1.0000									
Com	0.1620***	1.0000								
Start	0.0070	−0.1830***	1.0000							
Growth	−0.0930	−0.1120*	−0.0910	1.0000						
Expansion	−0.0530	−0.2060***	−0.3440***	−0.3690***	1.0000					
Mature	0.1280**	0.4040***	−0.1670***	−0.1670***	−0.6590***	1.0000				
RD	0.1240***	−0.0640	0.0490	−0.0720	0.0792*	−0.0990	1.0000			
VCshare	0.0130	0.0250	0.0890	−0.1530***	0.0860	−0.0590	1.0000			
VCnum	0.1100*	−0.0210	0.1800***	−0.1070*	0.0520	−0.0910	0.5650*	1.0000		
Size	0.0920	0.1880*	0.0370	−0.1360*	−0.0030	0.0630	0.0270	0.1360**	1.0000	
Debit	0.1030*	0.1310**	0.0270	−0.0750	−0.0060	0.0280	−0.0810	−0.0200	0.3420***	1.0000

注：*、**和***分别表示在10%、5%和1%的水平上显著。

三、实证模型构建

为了检验风投参与程度和风险投资进入时点对技术创新的影响，在苟燕楠和董静（2013）研究方法和计量模型基础上进行拓展，分别构建了风险投资对技术研发影响模型、风险投资对技术商业化影响模型。其中风险投资参与创新企业的程度我们也分别以风投持股比例和风投持股家数来衡量，风险投资持股比例代表风险投资对企业的控制权和话语权，反映的是风险投资对企业经营决策的控制权和剩余索取权；风险投资持股家数代表企业获得多轮投资的频数，反映的是技术创新融资的多阶段性。

风险投资对技术研发影响模型为：

$$Patent = \alpha_0 + \alpha_1 VCshare + \beta_1 Start + \beta_2 Growth + \beta_3 Expansion + \beta_4 Mature \\ + \gamma_1 RD + \gamma_2 Size + \gamma_3 Debit + \varphi_1 Hitech + \varphi_2 Mfg + \varphi_3 Service + e \tag{1}$$

$$Patent = \alpha_0 + \alpha_1 VCnum + \beta_1 Start + \beta_2 Growth + \beta_3 Expansion + \beta_4 Mature \\ + \gamma_1 RD + \gamma_2 Size + \gamma_3 Debit + \varphi_1 Hitech + \varphi_2 Mfg + \varphi_3 Service + e \tag{2}$$

风险投资对技术商业化影响模型为：

$$Com = \alpha_0 + \alpha_1 VCshare + \beta_1 Start + \beta_2 Growth + \beta_3 Expansion + \beta_4 Mature \\ + \gamma_1 RD + \gamma_2 Size + \gamma_3 Debit + \varphi_1 Hitech + \varphi_2 Mfg + \varphi_3 Service + e \tag{3}$$

$$Com = \alpha_0 + \alpha_1 VCnum + \beta_1 Start + \beta_2 Growth + \beta_3 Expansion + \beta_4 Mature \\ + \gamma_1 RD + \gamma_2 Size + \gamma_3 Debit + \varphi_1 Hitech + \varphi_2 Mfg + \varphi_3 Service + e \tag{4}$$

其中，技术创新产出 Patent 是企业上市前已经获得专利数量，来衡量技术研发效率。技术商业化 Com 是公司从成立到上市所需的年份，来衡量技术商业化效率。风投参与分别用风投持股比例（VCshare）和风投持股家数（VCnum）来衡量，VCshare 衡量风投在公司中的参与程度和经营参与程度；VCnum 衡量风投对公司的多轮投资的程度。研发投入、企业规模、企业资产负债率以及四个行业分类虚拟变量是控制变量，其中"基础行业"（Other）虚拟变量在回归分析中作为行业基准变量，α、β、γ 和 φ 为估计系数，e 为残差项。

第四节　实证结果与分析

一、风险投资对技术研发的影响

在回归分析中，我们同时考虑了风投参与程度和风投进入时点对技术创新的影响。首先考察风险投资机构参与对技术创新研发环节的影响，其中，风险投资参与程度分别用风投持股比例和风投持股家数来衡量。其次，我们分别观察风险投资机构进入时点对技术创新研发环节的影响，考察初创期、发展期、扩张期和成熟期风投进入时点对技术研发影响的异同。最后，将风投进入时点变量全部放入回归模型，考察进入时点对技术研发的影响。由于篇幅限制，行业虚拟变量在回归结果中没有列出。分别基于计量模型各自延伸出 6 个回归模型，回归结果见表 3-4。

从风险投资机构参与对技术创新研发环节的影响来看，风险投资持股比例与技术研发之间存在不显著的正相关关系，而风险投资持股家数与技术研发之间存在显著的正相关关系，风险投资持股家数反映了技术创新项目过程中不同风险投资公司参与的次数，这表明风险投资对企业的多轮投资可以促进技术研发效率，本章提出的假设 2 得到了验证。由此可见，风险投资机构的多轮投资能够显著促进技术研发的效率，支持技术创新。当以技术研发作为技术创新衡量指标时，风险投资机构对技术创新的多轮投资促进了技术创新绩效，即风投参与轮数越多越有利于提升技术创新绩效。因此，本章提出的假设 1 得到了验证。

从风险投资的进入时点对技术研发的影响来看，表 3-4 中回归模型（1）到（3）的回归结果表明，在初创期、发展期和扩张期进入的风险投资与技术研发之间的关系并不具有统计上的显著性，且相关系数为负。模型（4）回归结果表明，在企业成熟期进入的风险投资与技术研发之间在 5% 的水平上存在显著的正相关关系。分别考察风投进入时点的回归结果表明，风险投资进入时点是否在企业发展初期对技术研发并没有显著影响，反而在企业发展的成熟期进入的风险投资对企业研发有重大影响。同时考虑风险投资四个进入时点对技术研发的影响来看，模型（5）和模型（6）的结果显示，风险投资各个进入时点都对技术研发产生了不显著的正向影响。对比风险投资各个进入时点与全部阶段整体进入模型的回归结果，只有风险投资在成熟期进入对技术研发有显著的正向影响。

上述回归结果表明，风投进入时点对技术研发支持作用并不显著。风险投资进入时点，对技术研发绩效的提升作用并不明显，因此假设4没有得到验证。可能的原因是研究样本期间中国的风险投资机构更倾向于向技术成熟企业进行投资，中国风投机构的风险偏好仍然偏低，对研发风险较高的企业采取投资规避策略，导致研究样本更多的是在风险投资机构在企业发展较成熟时再进入。此外，这一检验结果也可能与样本中风险投资机构在初创期和成长期进入的样本企业数量偏少有关。

从控制变量来看，企业研发投入越大，技术创新产出也越高，且回归系数较高，说明研发投入对研发产出的影响较大；企业规模越大，技术研发程度也越高；企业资产负债率越高，技术研发程度越高。这表明企业发展规模越大、负债率越高，越具有更大的抵抗技术创新失败风险的能力，越有激励从事技术研发活动。从行业上看，高科技行业和制造业相比服务业，企业的技术研发程度较高。这符合我们对中国风险投资行业的观察，即高科技行业更容易获得风险投资机构的关注，并获得融资支持。

表3-4　风投进入时点与技术研发之间的回归结果

	1	2	3	4	5	6
风投持股比例	0.074	0.048	0.086	0.092	0.079	
	0.460	0.300	0.540	0.580	0.480	
风投持股家数						2.918*
						1.950
初创期	−2.385				26.740	20.240
	−0.200				0.890	0.680
发展期		−11.100			20.540	18.310
		−0.900			0.650	0.590
扩张期			−7.714		26.540	23.080
			−1.140		0.920	0.800
成熟期				18.210**	43.620	41.210
				2.330	1.490	1.410
研发投入	2.431***	2.317**	2.512***	2.603***	2.617***	2.534***
	2.720	2.580	2.810	2.940	2.900	2.820
企业规模	1.831**	1.726**	1.830**	1.723**	1.694**	1.507*
	2.200	2.060	2.210	2.090	2.030	1.800
负债率	43.490**	41.800**	43.710**	43.780**	43.900**	45.650**
	2.060	1.980	2.080	2.100	2.080	2.190
_cons	−9.240	−6.791	−5.807	−14.660	−40.300	−45.730
	−0.370	−0.270	−0.230	−0.600	−1.040	−1.200
F	1.750	1.810	1.870	2.340	1.750	2.160

	1	2	3	4	5	6
Prob>F	0.125	0.073	0.098	0.028	0.076	0.022
R-squared	0.039	0.046	0.041	0.028	0.059	0.072
样本量	299	299	299	299	299	299

二、风险投资对技术商业化的影响

首先分析风险投资机构参与对技术创新商业化的影响，其次分别考察初创期、发展期、扩张期和成熟期风投进入时点对技术商业化影响的异同，最后将风投进入时点变量全部放入回归模型，考察风投进入时点对技术商业化的综合影响。上述回归模型及回归结果见表3-5。

从回归结果我们可以发现，风险投资持股比例与技术商业化存在不显著的正相关关系，而风险投资持股家数与技术商业化之间存在不显著的负相关关系。由此可见，风投参与对技术商业化没有显著的支持作用，并没有有效地促进技术创新商业化绩效。假设3没有得到验证。可能的解释是，样本企业的风投公司大多是在企业属于发展阶段后期的扩张期和成熟期进入的企业，此时企业本身已经具备了较高的市场占有率，企业的产品风险和市场风险已经较低，风险投资机构参与之后对企业的市场开拓的促进作用并不大。

针对风险投资机构进入时点对技术创新商业化的影响，表5中的模型回归结果表明：

1. 分别考虑风险投资进入时点对技术商业化影响来看，模型（1）到（4）回归结果显示，在初创期、扩张期进入的风险投资与技术商业化（企业上市所用时间）之间存在显著的负相关关系，这说明风投进入越早，企业上市时间越短，风投进入越早对技术创新商业化的推动作用越积极；而成熟期进入的风险投资与技术商业化之间存在显著的正相关关系，这说明风投进入越晚对技术商业化成功的支持作用越小。

2. 同时考虑风险投资四个进入时点对技术创新商业化的影响来看，模型（5）和模型（6）的结果显示，风险投资机构在初创期、发展期和扩张期进入与技术商业化存在显著负相关关系，而在成熟期进入与技术创新商业化的关系并不显著，这说明风险投资参与时机越早对技术商业化的影响越积极。可见，分别考虑风投进入时点对技术商业化影响的方向和显著性与风险投资进入时点全部进入回归的模型的回归结果基本一致。上述实证结果表明，风险投资进入企业的阶段越早，企业上市所需的时间越短，说明企业从事技术创新越容易获得商业上的成功。

因此，风险投资参与阶段越早，技术商业化效率越高。假设 5 得到验证。当以技术商业化作为技术创新衡量指标时，风险投资机构介入越早越有利于提升技术商业化绩效，从而提升技术创新的总水平，即风投参与得越早越有利于促进技术创新。因此，本文提出的假设 1 再次得到了验证。

上述回归结果表明，风险投资对技术商业化的支持作用更多体现在企业市场风险和产品风险较高的初创期和成长期。可能的解释是，企业发展初期面临较大的市场风险和产品风险，此时风险投资进入可以通过风投的商业优势、管理优势有效降低技术商业化风险，进而加速技术商业化成功的效率；而在企业发展后期往往技术商业化风险并不高，此时风险投资进入对技术商业化效率的提升并不显著。因此，对于需要引入风险投资的科技型企业，应该根据企业本身的发展阶段，注意风险投资机构进入时点对技术创新支持方向和偏好产生的影响。

表 3-5　风投进入时点与技术商业化之间的回归结果

	模型 1	模型 2	模型 3	模型 4	模型 5	模型 6
风投持股比例	0.0100	0.0034	0.0100	0.0110	0.0130	
	0.8000	0.2500	0.8000	0.9500	1.0700	
风投持股家数						0.0440
						0.4000
初创期	-3.3730***				-6.3120***	-6.3710***
	-3.4800				-2.8300	-2.8300
发展期		-1.3980			-4.5290*	-4.7300**
		-1.3800			-1.9300	-2.0200
扩张期			-2.0300***		-4.1690*	-4.2420*
			-3.7200		-1.9400	-1.9600
成熟期				4.4550***	0.0875	-0.0114
				7.5300	0.0400	-0.0100
研发投入	0.0200	-0.0060	0.0300	0.0500	0.0410	0.0390
	0.2900	-0.1000	0.4200	0.7500	0.6200	0.5800
企业规模	0.1790***	0.1590**	0.1730***	0.1470**	0.1460**	0.1440**
	2.6800	2.3300	2.6000	2.3500	2.3500	2.3000
负债率	2.5830	2.1440	2.4400	2.4480	2.3960	2.2510
	1.5200	1.2400	1.4400	1.5500	1.5300	1.4400
_cons	10.5400***	10.7000***	11.3100***	9.0800***	13.6200***	13.9400***
	5.3000	5.2500	5.6600	4.8700	4.7300	4.8500
F	3.8500	2.1400	4.1200	10.4600	8.6100	8.4000
Prob > F	0.0008	0.0398	0.0004	0	0	0
R-squared	0.0820	0.0519	0.0904	0.2058	0.2380	0.2332
样本量	299	299	299	299	299	299

三、结论与政策启示

本章分析了风险融资多轮融资过程，揭示了风险投资参与可以降低技术创新的不确定性，提高企业家风险偏好进而激励技术创新绩效的影响路径。研究结论表明，风险投资机构多轮投资方式可以提高其风险容忍度，且风投多轮投资次数越多、投资时机越早对技术创新产生的激励作用越大。基于此，提出促进中国风投机构发展以及推动风投支持技术创新的政策建议。第一，提升风投机构支持创新的风险容忍度。充分发挥风投在降低技术研发风险和技术商业化风险的作用，通过提升风投机构风险容忍度激励其投资高风险科技型企业。第二，采取差异化的风险投资引入策略。在技术研发阶段，企业可以通过增加多轮融资次数或引入风投机构数量，提升技术研发绩效；在技术商业化阶段，企业可以考虑尽早引入风投，提升技术商业化绩效。第三，鼓励风投机构采取"少投多次"的分阶段投资策略。通过提高风险投资分阶段投资频数激励创新，降低企业获得风投融资难度。第四，当企业处于技术发展初期，风投机构应该着力提高技术商业化效率，通过提升产品优势提高企业竞争力；当企业处于技术发展后期，风投机构应该加大技术研发方面的支持，保持企业技术上核心竞争力。

第四章 2019年中小板企业风险投资对经营绩效的影响研究

第一节 引言

目前我国的经济发展主要以中小企业为基础，近年来，我国中小企业发展速度较快，而融资难的问题制约了中小企业的发展，并且银行资金有限且银行贷款的利率很高贷款限制很多，无法完全满足企业的需求与全力扶持中小企业的发展。这说明许多小企业想要发展成一家上市公司，不仅需要先进的技术、特色的管理方式、专业的工作能力，还需要充足的资金保障。因此风险投资也变得越来越普遍，风险投资之所以被称为风险投资，是因为在投资过程中有很多的不确定性，投资及其回报带来很大的风险，而在实际生活中金融机构的贷款服务不能顾及每个企业，因此风险投资对这些企业的发展有着至关重要的作用。

近年来，风险投资机构作为我国中小板上市公司的重要投资主体，大多都参与了中小板上市公司的融资、扶持管理等运作过程。企业的实际发展状况是由经营绩效体现出来的，企业的经营绩效是表明一定经营期间内企业经营效益和经营者业绩，更加精确地反映出企业的经营状况、发展方向及前景。经营绩效中包含的盈利能力、资产运营水平、偿债能力和成长能力等可以更加直观地表现出一个企业的发展状况与生存能力。因此，深入研究风险投资对中小企业经营绩效的影响，对我国风险投资行业、中小企业以及中小板市场的健康发展具有重要的意义。

第二节 实证研究

一、模型设定

为研究风险投资对中小板企业经营绩效的影响，本章通过对比有无风险参与的中小板企业经营绩效的效率值，评价两者的经营状况与差异，得出最后的结论。因此采用了非参数效率评价方法——DEA 方法，它的基本模型有 BCC 模型和 CCR 模型。CCR 模型是基于规模报酬不变的效率模型，BCC 模型则是基于规模报酬可变的效率模型，被称为径向模型，对无效决策单元的所有投入或产出进行比例调整以达到改进的目的。BCC 模型是在 CCR 模型的基础上建立的，并提出了规模报酬可变时综合效率的计算。其中 DEA-BCC 模型的表达式为：

$$\min[\theta - \varepsilon(\sum_{i=1}^{m} s_i^- + \sum_{r=1}^{s} s_r^+)] = V_d(\varepsilon) \qquad （2-1）$$

$$ST = \begin{cases} \sum_{j=1}^{n} X_j \beta_j + s_i^- = \theta X_0 \\ \sum_{j=1}^{n} Y_j \beta_j - s_r^+ = Y_0 \\ \sum_{j=1}^{n} \beta_j = 1 \\ \beta_j, s_i^-, s_r^+ \geq 0, 0 \leq \theta \leq 1 \end{cases} \qquad （2-2）$$

以上公式中的 X_j，Y_j 为投入和产出的指标，m、s 为投入产出指标的种类，ε 为阿基米德常量，θ 为相应的效率值，s_i^-，s_i^+ 为投入和产出的松弛变量，当松弛变量为 0 时，说明决策单元 DEA 有效。

二、模型原理

在此次实证研究中选取的是以投入为导向的 DEA-BCC 模型，其原理为在产出不变的条件下，调整实际的投入要素，以最小的投入达到最适当的产出。模型主要通过分析企业经营绩效中的投入和产出要素的效率值验证企业的实际经营成效。若 DEA 有效则说明企业的经营绩效投入与产出的配比合适，企业发展相对来说较好；若 DEA 无效则说明企业的经营绩效的实际投入要素有冗余或者投入要素较少而导致产出要素不足，没有达到理想值，企业发展存在问题，需要对其调整实际投入要素的数值。

三、样本选择

为研究风险投资对中小板企业经营绩效的影响，本章以 2019 年所有中小板企业为总体，以此为根据抽取样本。在总体的全部样本中剔除 ST 和 *ST 类上市公司、财务数据缺失的样本和财务数据不全的样本。基于以上选取标准，最终在 965 家中小板企业中采取等差选取的方法，主要为每 10 个企业中选出一个作为样本，以股票代码排序，选择末位数字为 0 的代码，当末位数字为 0 的股票已经被剔除时，采用同一组数字中的末位数字为 1 或 9 代替。运用等差选取保证了选取样本的随机性，有利于提高研究的准确性。最终选出了新和成、传化智联、南京港、科大讯飞等 100 家中小板企业作为样本进行研究。

为判断企业是否存在风投参股，基于通达信金融终端和来自东方财富网中年报中的数据，选择财务报表中披露的前 10 名股东中含有"投资"和"资本"等字样的公司作为存在风投参股企业。最终分为 79 家有风投背景企业与 21 家无风投背景企业。

四、指标选取

表 4-1 的实验数据来自公开资料整理，主要包括企业年报和通达信股票中深股的财务数据。由于 2020 年各中小企业受疫情影响严重，经营状况不佳，数据不准确，所以选用的数据为 2019 年各中小企业的风险投资及经营绩效的数据。

表 4-1　关于研究企业经营绩效选取指标统计

研究人员	投入指标	产出指标	研究内容
王蕙	总资产、营业总成本	营业总收入、总利润	风险投资与企业经营绩效关系
王千	每股净资产、资产负债率	净资产收益率、总资产周转率、总资产增长率	风险投资对中小企业经营绩效
李钟石等	资产总额、营业成本、管理费用	营业收入、净利润、现金流量净额	物流业企业经营绩效实证分析
张蓝远等	主营业务成本、总资产	主营业务收入	吉祥航空经营绩效评价研究
周四娟等	固定资产、经营费用、应付职工薪酬	保费收入、投资收益	寿险公司经营效率的实证分析
冯琦等	总资产、营业费用、管理费用	主营业务收入、净利润、每股收益	旅游企业经营绩效评价
李雪阳等	固定资产、流动资产、无形资产	每股收益、每股现金流量、资产收益率	农业上市公司经营绩效分析

研究人员	投入指标	产出指标	研究内容
曹文彬等	总资产、股东权益、年末职工总数	速动比率、净资产收益率、流动资产收益率、净资产周转率	IT 行业经营绩效的实证研究

通过参考相关文献，说明 DEA-BCC 模型适用于本次研究，因此确定主要投入项为风险投资比例、营业成本、公司规模和公司现金流，产出项为营业收入、总资产周转率、净资产收益率和总资产收益率。其中资产收益率是净资产、总资产与净利润之比，主要衡量每单位资产创造的净利润单位，反映企业的盈利能力，该指标越高，表明企业资产利用效果越好；总资产周转率是企业一定时期的销售收入净额与平均资产总额的比值，它是衡量资产投资规模与销售水平之间配比情况的指标。营业成本和营业收入主要反映公司的实际发展状况与收益水平；风险投资比例是公司股东中含有"资本"和"投资"字样的股东的投资比例；营业成本和营业收入主要反映公司的实际发展状况与收益水平；除主要因素风险投资比例和营业成本，还设置了另外两项投入——公司规模和公司现金流，公司规模由公司总资产表现，其大小决定了风险投资金额的准确数据，公司规模大、盈利方式单一的经营模式更加稳定，而公司的现金流也在经营活动中起着重要作用，周转资金充足，业务进行得比较顺利，并且会相对减少赊账行为，体现出资金的最大使用价值，尽可能减少成本。

五、数据处理

根据选取的投入和产出指标，建立 DEA-BCC 模型。在进行 DEA 模型的操作中要保证数据的非负性和非 0 数据，但在实际的数据中，许多指标与要求不符，因此需要对数据进行标准化处理。数据标准化处理的公式为：

$$Y = 0.1 + 0.9 \times \frac{X - X_{min}}{X_{max} - X_{min}} \qquad （2-3）$$

以上公式中 X 为原始值，Y 为调整后的值，X_{min} 为该变量的最小值，X_{max} 为最大值。通过公式将含有非正数数据的指标进行处理，得出模型所用的数据。

第三节 实证结果及分析

一、相对效率分析

（一）有风险投资参与中小板企业结果分析

表 4-2 有风险投资中小板企业 DEA 结果

类别	数值
DEA 有效	23.000
DEA 无效	56.000
综合技术效率均值	0.912
纯技术效率均值	0.957
规模效率均值	0.953
规模效益递增	49.000
规模效益递减	7.000

由于篇幅限制，表中为实验结果汇总数值

通过 deap 软件做出 BCC 模型，得出结果，如表 4-2 所示，主要从五个方面对结果进行分析。

1.DEA 有效分析

有风险投资背景的企业达到 DEA 有效的有 23 家，占比为 29.1%。DEA 有效说明企业在经营中效率为最优，在决策单元的数据比较中，消耗最少，产出最大，能力度为 100%，说明对资源充分利用。在实证中就说明其风险投资、营业成本、公司规模和公司现金流这些要素可以被营业收入、净资产收益率、总资产收益率和总资产周转率合理利用，达到了净利润的最大化。其中粤水电、福晶科技、省广集团、美亚光电和奥美医疗这 5 家企业虽然风险投资的占比较少，但是其公司现金流大，在实际经营过程中有较为充足的资金保障，因此发展较好。

2.DEA 无效分析

DEA 无效的为 56 家，占比 70.9%。无效说明对资源没有达到充分的利用，可能在某一投入方面存在冗余。在实证中具体体现为在风险投资、营业成本、公司规模和公司现金流方面存在溢出现象，减少部分资金后，其营业收入、净资产收益率、总资产收益率和总资产周转率仍处于不变，并不会随着投入的减少而减少。DEA 的有效和无效都是与样本总体相对而言，并不是绝对无效或绝对有效。

3.综合技术效率分析

以综合技术效率的平均值为平均水平，超过同期平均水平的企业有 41 家，占比 51.9%，这些数据体现出近一半企业的资源利用表现良好，而综合技术效率主要是由纯技术效率和规模效率两方面共同决定的。

4.纯技术效率与规模效率分析

纯技术效率是由于管理和技术等因素影响的生产效率，其中 35 家企业在纯技术效率方面都达到了 DEA 有效，说明这些企业在这方面达到了最优。规模效率是由于企业规模因素影响的生产效率，其中 23 家企业达到了最优，与纯技术效率相比，说明在规模方面很多企业没有充分地利用其优势，导致企业总体上发展略有不足。

5.规模报酬分析

在规模报酬方面，其中 49 家企业的规模效率是递增的，7 家是递减。规模报酬说明了在企业投入要素之后，短期内导致了经济增长，但随着投入不断增加，其产出反而开始逐渐递减。在这些规模报酬递减的企业中，其中山西证券、领益智造和奥瑞金这三家企业由于风险投资的比例过高，而在其他方面的投入不能充分地利用，导致企业发展滞后。而山西证券的公司企业现金流较小，因此在这方面受到限制，导致规模报酬递减。说明在存在风险投资的企业中大多数企业的资金投入要素效率都比较高，提高了企业的经营绩效。

（二）无风险投资参与中小板企业结果分析

表 4-3　无风险投资中小板企业 DEA 结果

类别	数值
DEA 有效	6.000
DEA 无效	15.000
综合技术效率均值	0.898
纯技术效率均值	0.949
规模效率均值	0.947
规模效益递增	6.000
规模效益递减	9.000

由于篇幅限制，表中为实验结果汇总数值

由表 4-3 可知，无风险投资存在的中小板企业，其经营绩效总体上发展与有风险投资存在的企业相比还有一些细微的差距。在总样本中达到 DEA 有效的共 6 家，占比 28.57%，DEA 无效的共有 15 家，占比 71.43%，超过四分之一的企业，在没有风险投资参与的情况下也能达到良好发展。其综合技术效率平均值较低，主要是由于技术方面和规模方面两者都略显不足。单从规模效率方面来看，仅仅有 6 家规模报酬递增，有 9 家是规模报酬递减，说明它们的实际生产要素投入结构不合理，投入的管理、资金和规模方面不能协调发展，即资源配置不合理。

（三）有无风险投资参与中小板企业对比分析

两者相较而言，其综合技术效率、纯技术效率与规模效率的平均值相比，相差较小。有风险投资存在的中小板企业，其三者的平均值分别为 0.912、0.957、0.953，反之，无风险投资存在的三者平均值为 0.898、0.949 和 0.947，其结果表明有风险投资存在的中小板企业资源的利用率较高，有风险投资背景的企业经营绩效优于无风险投资背景的企业。企业的总体表现情况是由这两方面共同决定的，在同时达到技术效率最优和规模效率最优的情况下才可能达到综合技术效率（综合技术效率 = 纯技术效率 × 规模技术效率）最优。

二、松弛变量分析

表 4-4　投入冗余分析

	无风险投资公司			有风险投资		
	原始值	目标值	差值	原始值	目标值	差值
风险投资	–	–	–	0.276	0.242	0.034
营业成本	0.267	0.267	0	0.346	0.346	0
公司规模	0.233	0.208	0.025	0.212	0.198	0.014
公司现金流	0.587	0.575	0.012	0.448	0.442	0.006

由于篇幅限制，以上数值均为平均值（剔除 DEA 有效企业）

由表 4-4 可知，在风险投资背景下 DEA 无效的企业，在风险投资方面冗余 0.034，占原始值的 12.32%，说明风险投资需要减少 12.32% 才能达到最优效率。营业成本在有无风险投资背景的企业中均无冗余，说明无论企业是否被进行过风险投资，它们都能够良好地控制企业的营业成本，不会产生投入冗余情况。无风险投资背景企业的公司规模投入冗余达到了 0.025，占原始值的 10%，有风险投资背景企业的公司规模投入冗余仅 0.014，仅占无风险投资背景企业的 56%，说明无论企业有无风险投资背景，企业的公司规模都有投入冗余情况并且公司规模投入冗余较多，都需要对公司的生产规模进行适当的调整，但是有风险投资背景的企业在公司规模方面比无风险投资背景的企业表现更加良好。无风险投资背景企业的公司现金流投入冗余值为 0.012，有风险投资背景企业的公司现金流投入冗余值为 0.006，仅为无风险投资背景企业的 50%，说明有无风险投资背景的企业的公司现金流都没有充分利用，都存在现金流投入冗余情况，但是有风险投资背景的企业表现良好。

三、产出不足分析

表 4-5　产出不足分析

	无风险投资公司			有风险投资		
	原始值	目标值	差值	原始值	目标值	差值
营业收入	0.176	0.177	0.001	0.224	0.224	0
总资产周转率	0.879	0.911	0.032	0.722	0.744	0.022
净资产收益率	0.797	0.842	0.045	0.565	0.596	0.031
总资产收益率	0.283	0.382	0.099	0.665	0.741	0.076

由于篇幅限制，以上数值均为平均值（剔除 DEA 有效企业）

由表 4-5 可知，虽然营业收入在有无风险投资背景的企业中都表现良好，但是无风险投资背景的企业表现存在较小问题，而有风险投资背景的企业在营业收入方面表现更好。无风险投资背景企业的总资产周转率的产出不足值为 0.032，有风险投资背景企业的总资产周转率的产出不足值为 0.022，占无风险投资背景企业的 68%，两者差距较大，说明风险投资对企业的总资产周转率的合理利用显现出较大的作用。无风险投资背景企业的净资产收益率的产出不足值为 0.045，有风险投资背景企业的净资产收益率的产出不足值为 0.031，占无风险投资背景企业的 69%，说明风险投资对企业的净资产收益率的作用与对总资产周转率的作用效果相同。在企业的总资产收益率方面，无风险投资背景企业的总资产收益率的产出不足值为 0.099，占其原始值的 34%，有风险投资背景企业的总资产收益率的产出不足值为 0.076，占无风险投资背景企业的 76%，说明无风险投资背景企业的总资产收益率表现较差，在未来的发展中需要更加注意资源配置的合理利用，以增强企业的净利润，有风险投资背景的企业虽然表现较好，但是也要注意此方面问题。

不论企业是否存在风险投资，在公司规模和公司现金流方面都存在冗余，在总资产周转率、净资产收益率和总资产收益率三个方面都出现产出不足的现象。其中在有风险投资背景下发展最优的企业为在总体样本被参照次数最多的企业为赣锋锂业，被参照次数为 33 次，它获得风险投资比例较低，但在公司规模和公司现金流方面与其他企业相比，对于投入资源的利用充分合理；发展相对来看较差的企业为新筑股份，不论在纯技术效率方面还是规模效率方面都存在较大的产出不足，说明这个企业对资源的利用存在弊端。无风险投资背景中广联达发展最优，被参照次数为 7 次，其优势为公司规模较大，公司规模达到了 61 亿元，远高于其他企业，说明公司有较为独特的管理方式和强大的技术支持，并且懂得合理的运用自身的优势；亚太药业发展最差，综合技术效率仅为 0.603，其公司规模与公司现金流相比，现金流较少，难以支撑企业的发展需求，导致其资产周转率和资产收益率较低，存在严重的产出不足。

第四节　结论

本章通过对中小板企业的经营绩效及风险投资状况进行实证研究，通过 DEAP 软件做出两个 BCC 模型，并得出相应的实验结论：

有风险投资和无风险投资企业综合技术效率、纯技术效率和规模效率的平均值相比，两者的差距较小，从研究结果分析，风险投资的参与可以提高企业的经营绩效，在有些方面有风险投资背景的企业远远强于无风险投资背景的企业，但是无论企业有无风险投资背景，在投入与产出方面都存在问题，针对投入项和产出项需要进行调整。

1. 相对效率方面

效率是企业生存的重要因素，而技术效率等因素更是直接影响着企业产品的质量和企业的利润，规模效率等因素则影响着企业生产的成本。在实证结果中，企业产生的效益还未达到最高水平或者已经达到最高水平而没有继续保持，导致效益开始处于下滑状态。对结果而言，DEA 有效的企业在总体结果中占比较少，而造成 DEA 无效的主要原因是产业结构通过优化配置对产出单元所产生的效果较小以及管理和技术影响的生产效率不足。在规模报酬和规模效率方面，多数企业存在不足，生产规模与投入要素之间的分配不合理，是影响企业综合技术效率的主要因素。

2. 松弛变量方面

在投入和产出变量的具体分析中，营业成本和营业收入都表现良好，不存在冗余和较大的不足现象。其原因可能为营业成本和营业收入是关乎企业生存的主要指标，并且实验样本为上市企业，企业在多年的经营中找到了最优的配比，因此在这两方面表现良好。企业在公司规模与总资产收益率两方面表现都较差，说明公司的规模不能顺应企业发展，企业不懂得合理运用自身的优势，导致发展达不到最优效果，净利润无法实现大幅度增长。

3. 风险投资方面

在有风险投资存在的企业中，其风险投资也存在冗余现象，说明企业在实际发展过程中没有将风险投资引进的资金合理运用，导致企业在引进风险投资之后，经营绩效并没有获得较大的改善。因此风险投资并不是越多越好，重点是企业要将资金进行合理的分配，风险投资机构要对企业运用风险投资资金进行严格的监督，让风险投资发挥最大的作用以提高企业的经营绩效。

风险投资对企业的经营绩效的促进作用并不是通过短时间大幅度提升企业经营绩效来实现的，而是从企业的各个方面产生影响来实现的。有无风险投资背景对企业来说，从单一的一个方面难以在短时间内从企业的经营绩效中看出，但是综合来看，企业的发展状况必然有所不同。能够在我国上市的中小板企业的经营绩效发展情况良好，并且已经上市的中小板企业已经过了高速发展的阶段，在日常的经营中也达到了稳定发展的状态，因此，风险投资的存在对中小板企业来说发挥的作用已经趋于平稳状态，若想要获得更大的突破必须要制定一个符合自身发展的战略目标，达到资源的最佳利用。

第五节　对策建议

一、加强企业管理

针对企业综合技术效率不足，说明中小板企业的发展遇到瓶颈，多数企业存在资源配置不合理。究其根本，说明企业在发展的过程中管理层制订的规划不合理，存在不足。因此管理层要懂得合理安排资源，根据企业的发展需求，建立一套具有自身特色的发展措施，摸索出一个完美的投入产出比例，争取以最少的投入达到最大的收益。另外，接收到风险投资资金后，企业需要合理地分配资金，注重企业的技术创新，发挥风险投资最大的作用，不断完善企业的治理模式，提高公司的经营绩效。

二、优化技术创新

纯技术效率不足，说明企业的技术运用不到位，是导致经营效率低的主要原因。对中小板企业而言，它们目前已经不需要为了高速的发展而寻求更大的飞跃。企业稳步地前进更为重要，在保证目前的市场份额时，应不断摸索一条可以长远发展的道路。对于已经拥有的技术，需要进行优胜劣汰，不断调整和创新，与此同时还要顺应实时的发展，引进新的技术以支撑企业的进步。面对新的技术还需要专业技术人员的引导，只有技术却没有合理规范地运用，将会对资源造成浪费，所以企业内部不仅要招收高技术人才更要注重技术工人的培训。

三、调整生产规模

在规模效率中，部分企业产量增加比例小于生产要素增加。原因是厂商的生产规模与生产的各个方面难以有效协调，从而降低了生产效率。因此企业需要根据目标有效值及时调整自身生产规模和整合行业现有资源，提高规模经济水平。结合当前经济形势、时代要求和政策推进背景更加合理地调整自身产品结构和企业规模，以获取更大的规模报酬。

四、引入适当的风险投资

在松弛变量的分析中，企业经营的过程中风险投资作为投入要素存在冗余现象，说明风险投资参与到企业中时需要一个适当的比例，并非越多越好，过多的风险投资将会对企业的发展产生一定的制约。风险投资的存在不仅给企业的发展提供了充足的资金保障，更为企业提供了更多的发展机会，带来适当风险投资的机构还可以为企业提供专业的指导与强大的人脉关系，以此提高企业的经营绩效，不断地扩大公司规模，促进企业的发展。

五、加强政府引导和规范市场

对比有无风险投资背景的企业经营绩效，其存在风险投资背景的企业经营绩效优于无风险背景存在的企业，说明风险投资促进经营绩效。国家层面从政策、资源等方面进一步加大对中小板企业发展和支持，引导和推动风险投资机构不断向标准化、高端化、专业化方向发展。为实现风险投资机构与中小板企业的协调发展，政府要积极地对中小板企业进行扶持，因为企业的发展离不开资金的支持。当中小企业遇到困难时，要结合实际情况对其进行针对性帮助。例如，当中小企业发展态势良好，由于遇到一些小问题引发资金链断裂，而风险投资又不能及时到位，政府可以重新衡量企业的实际状况，通过银行途径，对中小企业进行贷款服务，帮助其渡过难关；当中小企业遇到管理难题时，政府应积极对中小企业和专业机构进行引导，针对企业存在的问题进行专业的指导；针对即将被市场淘汰的中小企业，政府要通过银行对其进行适量的抵押贷款，防止坏账的产生，另外还要积极引导其进行转型，为企业的长期发展努力。

政府除了要帮助企业发展之外，还要对企业和投资机构进行严格的监督，保证中小企业对外公布的年报、季报等财务报表的准确性以及投资机构的合法性和专业性。投资机构对企业进行风险投资的前提是企业对投资机构诚实，让投资机构更加真实详细地了解企业现状。只有这样投资机构才会愿意对企业进行投资，也能够针对企业的问题提供专业的解决办法。政府方面一定要加大对商业欺骗的惩罚力度，如此，企业才不敢进行商业欺骗，保证财务报表的真实性，也能保证投资活动的平稳发展。只有企业与投资机构之间真诚相待，才能使投资机构进行风险投资的各种要素合理的配置，才能使企业不断取得更好的发展，逐步扩大公司的规模，实现股东权益最大化。

第五章 风险投资背景、持股比例与研发投入的实证研究

第一节 引言

研发投入能够提升企业核心竞争力，促进企业的价值提升。当企业 IPO 后风险投资的介入是对企业研发投入产生影响的一个重要因素，随着我国风险投资市场的日益完善，风险投资在推动市场经济发展、帮助各类企业融资方面都扮演着非常重要的角色，作出了巨大贡献。因此关于风险投资对于企业发展产生的影响也引起了广泛关注，然而截至目前关于风险投资对于研发投入影响的研究结果并没有达成一致意见，部分研究认为风险投资对于企业的研发投入会产生正向的激励作用，另一部分则认为二者之间并没有十分明显的关系。同时，对于探究股东持股比例对于企业研发投入的影响是因为这里可能会存在两种作用机制：第一，股东财富最大化的目标可能会激励股东积极创新，加大研发投入。第二，企业研发本身就是风险性行为，部分股东可能会为规避自身风险而拒绝加大企业研发投入。鉴于对风险投资和持股比例两个因素的以上考虑，本章就以创业板 111 家企业为研究样本来探究风险投资和股东持股比例对企业研发投入产生的影响。

第二节 研究背景、目的及意义

一、研究背景

在当前国际形势下，各行业之间竞争更加激烈，核心竞争力已经成为一个企业生存和发展最重要的条件之一，十九大明确提出鼓励企业创新研发，走创新发展的科技道路。而提高企业核心竞争力又必然与企业的研发投入有巨大的关系，

研发投入已成为企业提高技术创新的重要途径。根据世界经济的发展来看，风险投资已成为企业创新研发的重要支持，对企业的发展起着重要作用。同时由于企业在通过银行等金融机构融资时条件过于苛刻，对中小企业而言通过银行等金融平台融资也是难上加难，而风险投资企业的出现使得这些企业获得了资金的融通，从而获得更多现金流，那么在这一背景下研究风险投资对于企业研发投入的影响也具有一定的实际意义。当然，企业的研发投资活动又会受到企业管理层的影响，并且这一影响可能会对企业的研发产生两种截然相反的作用机制：激励或者抑制，故本节从这一视角出发进行风险投资、持股比例对研发投入的实证研究。

二、研究目的

通过前期对前人相关文献以及论文的查阅可以发现，前人对于企业研发投入的影响往往是对单个影响因素进行相关分析，并且关于风险投资和持股比例这两个因素对于影响企业研发投入的研究结果也没有达成一致意见，这里通过对风险投资、持股比例与研发投入进行实证研究的目的是最终得出风险投资和持股比例对企业的研发投入究竟会产生怎样的影响，从而对于加快企业发展、降低企业融资难度以及对投资者及潜在的投资者提供合理的投资决策建议并最终帮助企业找出可能制约企业发展的因素。

三、研究意义

研发投入对于企业的发展至关重要，但对于影响企业研发投入的影响因素并没有形成一致的看法，这里选取可能会影响企业的研发投入的因素风险投资背景和股东持股比例这两个因素进行研究。现阶段风险投资企业已经进入高速发展阶段，其对企业的发展也显得越发重要，风险投资企业可给企业带来大量的资金，带来更加先进的企业管理理念，对于推动企业快速发展有十分重要的意义。而股东持股比例的多少可能也会对企业的研发投入产生一定的影响，股东可能会为了股东财富最大化的目标激进投资，可能导致加大企业的研发投入，而管理者可能会为了规避自身风险等原因去降低企业的研发投入。所以研究风险投资背景与股东持股比例对于企业研发投入的影响和企业的管理决策与发展都有一定的意义。同时，面对风险投资的高速发展，其中又可能会出现各种各样的问题，而怎么规避这一问题，促进企业与风险投资企业的有效衔接，来实现风险投资企业在促进企业高质量发展，推动传统企业变革、风险投资者进行投资参考和企业进行研发费用的合理安排，以及对于企业合理制订融资计划获得风险投资企业的融资支持具有一定的指导意义。

第三节　风险投资、持股比例对研发投入的实证研究分析

一、研究假设

假设一：风险投资的介入会对企业的研发投入产生正向的激励作用。

做出这一假设的依据是因为高收益往往伴随着高风险，所以风险投资机构会优先考虑自己投资的预期收益，这一动机可能会促使企业加大研发方面的投入，来获取最大收益。

假设二：在其他变量不变的情况下，股东持股比例与企业研发投入之间呈现正相关关系，即股东持股比例越大，对于企业研发投入的比例也越大。

做出该假设的原因是，当公司上市后，股东的持股比例可能对企业的研发投入产生不同的激励作用。首先，企业经营的目标是实现股东财富的最大化，而为了实现这一目标，股东可能会更加重视企业的研发投入和技术产出，以求在后期获得巨额回报。其次，公司一经上市意味着有更多股东共担风险，那么股东也可能更愿意加大对企业的研发投入。

二、样本选取及数据来源

（一）样本选取

本章共选取创业板 111 家企业作为研究样本，其中信息技术类企业大多注重研发，故选取信息技术类企业为研究对象，同时为了区分行业间对于研发投入的影响，因此选取制造业企业来进行行业对比。样本中对于是否具有风险投资背景企业的界定是根据该公司前十大股东中是否有风险投资公司，如果有，则认为该公司具有风险投资背景。而对于持股比例的计算则是该企业 IPO 后前十大股东持股比例之和。对于是有风险投资背景的企业以及股东持股比例的数据查找则是源于巨潮资讯网上该企业的招股说明书。

（二）数据来源

研究中所使用的数据均来源于国泰安数据库。经过筛选，最终选取创业板111家企业作为研究样本，选取数据为2011—2019年全部数据。在所选这些公司中，其中有风险投资背景的企业为55家，占比为49.5%，无风险投资背景企业的占比为56家，占比为51.5%，基本符合所选数据的要求。

三、变量的选择与意义

（一）自变量

自变量以是否具有风险投资背景和股东持股比例作为研究的自变量。

（二）因变量

因变量选取为研发投入密度（研发投入/营业收入），由于营业收入总体上可以反映企业的经营状况，也可以预估企业未来的发展前景，对于企业优化资源配置，合理利用资源也有一定意义，同时研发投入密度也可以反映企业研发投入在经营成果中所占的比重，由此也可以直观地反映该企业对于研发投入的重视程度，具有一定的合理性。

（三）控制变量

考虑到其他因素也可能会对企业的研发投入产生影响，这里借鉴其他文献将企业成长性（GROWTH）、企业规模（INCOME）、企业行业分布（IND）、企业成熟度（YEAR）、企业经营业绩（ROA）、管理费用率（Mfee）等指标作为控制变量，这里对于企业行业的界定是：信息技术类企业取1，制造业企业取0。企业成长性变量是以滞后一期的企业总资产增长率进行计量，一般来说，企业成长性较快，说明企业的发展较好，那么就可能积累更多的现金流，用于企业的研发资金也会更多。另外，成长性较快的企业说明正在经历快速的发展，就可能会投入更多的资金去研发。企业规模是以滞后一期的主营业务收入取其对数来计量的，综合前人对于企业规模大多采用总资产进行计量，这里选用主营业务收入是因为能够更加可靠地衡量企业经营的真实状况。为了对比行业间研发投入的差别，这里又选取制造业进行行业之间的对比。企业成熟度变量是考虑了企业自成立至IPO的时间不同可能会导致企业投资行为与意识的不同。管理费用率用管理费用/营业收入来计量，一个企业管理费用的大小反映了企业的管理水平，当企业管理费用较低时，企业更可能会加大对研发的投入。所以选取以上指标作为控制变量，对于相关变量的说明如下表5-1所示：

表5-1　各相关变量具体描述

相关变量	变量名称	变量符号	相关变量解释
自变量	是否有风险投资背景	YN	前十大股东中是否有风险投资背景
	股东持股比例	SH	前十大股东股权占比
因变量	研发投入密度	RDI	研发收入/营业收入
控制变量	企业成长性	GROWTH	滞后一期的企业总资产增长率进行计量
	企业规模	INCOME	滞后一期的主营业务收入取对数
	企业行业分布	IND	信息技术业取1，制造业取0
	企业成熟度	YEAR	企业自创立至IPO年份
	管理费用率	Mfee	管理费用/营业收入
	企业经营业绩	ROA	滞后一期的总资产报酬率

四、模型的构建

根据本章前面所做假设，共构建如下两个模型：

模型一：以是否具有风险投资背景（YN）作为解释变量，以研发投入密度（RDI）作为被解释变量，分别以企业成长性（GROWTH）、企业规模（INCOME）、企业所属行业（IND）、企业成熟度（YEAR）、管理费用率（Mfee）及企业经营业绩（ROA）作为控制变量。

$$RDI_{t+i} = \alpha_0 + \alpha_1 YN_t + \alpha_2 GROWTH_{t+i} + \alpha_3 INCOME_{t+i} + \alpha_4 IND_t + \alpha_5 YEAR_t + \alpha_6 Mfee_t + \alpha_7 ROA_{t+i} + \delta$$

模型二：以股东持股比例（SH）作为解释变量，以研发投入密度（RDI）作为被解释变量，分别以企业成长性（GROWTH）、企业规模（INCOME）、企业所属行业（IND）、企业成熟度（YEAR）、管理费用率（Mfee）及企业经营业绩（ROA）作为控制变量。

$$RDI_{t+i} = \beta_0 + \beta_1 SH_t + \beta_2 GROWTH_{t+i} + \beta_3 INCOME_{t+i} + \beta_4 IND_t + \beta_5 YEAR_t + \beta_6 Mfee_t + \beta_7 ROA_{t+i} + \lambda$$

五、样本的描述性统计

通过对所选指标的研发投入密度（RDI）、企业成长性（GROWTH）、企业规模（INCOME）、企业行业分布（IND）、企业成熟度（YEAR）、企业经营业绩（ROA）、管理费用率（Mfee）及企业经营业绩（ROA）等指标进行描述性统计分析，最终得到结果如表 5-2、表 5-3 所示：

表 5-2　有风险投资背景的企业各变量描述性统计

	N	最小值	最大值	均值	标准偏差
RDI	55	0.03072	0.39520	0.12390	0.09020
Mfee	55	0.06460	0.32760	0.13730	0.06270
GROWTH	55	0.17070	0.84880	0.46050	0.17084
INCOME	55	0.06390	4.01990	1.91640	0.88860
ROA	55	−0.07270	0.25430	0.05200	0.05510
IND	55	0	1	0.45000	0.50300
YEAR	55	1	18	8.91000	4.31300

表 5-3　无风险投资背景的企业描述性统计

	N	最小值	最大值	均值	标准偏差
RDI	56	0.00940	0.43420	0.09040	0.06779
Mfee	56	0.02590	0.58610	0.15250	0.08830
GROWTH	56	0.12770	0.88650	0.49040	0.19970
INCOME	56	0.28340	4.72760	1.86800	0.73260
ROA	56	−0.06140	0.11670	0.04205	0.03038
IND	56	0	1	0.39000	0.49300
YEAR	56	1	24	8.63000	4.67300

在对所选指标进行描述性分析后，在所选上市公司中，首先有风险投资背景的企业其研发投入密度（RDI）均值为 0.12390，也就说明有风险投资背景的企业其研发投入大概占到了营业收入的 12.4%，说明研发投入占比偏低。其次，没有风险投资背景的企业其研发投入密度（RDI）均值为 0.09040，即研发支出在营业收入中占比为 9% 左右，这也可以说明在有风险投资的介入时有风险投资背景的企业其整体的研发密度是要高于没有风险投资企业的。管理费用率（Mfee）这一指标的均值分别为 14% 和 15%，由此可以看出管理费用无论是在有风险投资背景的企业中还是在没有风险投资背景的企业中的占比都不是很高，这说明了随着我国市场经济体制的不断完善和发展，我国企业整体的管理水平也在不断提高。企业的成长性指标（GROWTH）的均值分别为 0.46050 和 0.49040，其增长率都基本接近 50%，这一指标反映了企业资产规模扩张的速度较快，如各个企业之间的合并收购等。而企业规模（INCOME）这一指标均值分别为 1.91640 亿元和 1.86800 亿元，可以看出企业的规模普遍较小。分析企业经营业绩（ROA）这一指标可以发现，有风险投资背景和没有风险投资背景的企业的均值分别为 5% 和 4%，这说明二者的总资产报酬率接近 5% 和 4%。从这一数据对比可以发现，

有风险投资背景的企业资产报酬率要优于没有风险投资背景的企业，这也说明了在盈利能力、产出水平以及在资产运营等方面有风险投资背景的企业要好于没有风险投资背景的企业。

第四节　相关性分析

在对上述相关指标做了简单的描述性分析之后，得到结果与预期结果大致一致，对假设1与假设2两自变量分别进行相关性分析，以此来验证各变量之间是否存在多重共线性，数据所选的处理软件为spss.25，结果如表5-4和表5-5所示：

表5-4　各变量之间的相关性分析

	RDI	SH	YN	Mfee	GROW	INCOME	ROA	IND	YEAR
RDI 皮尔逊相关性	1	−0.008	0.208*	0.555**	0.016	−0.292**	0.076	0.221*	−0.007
SH 皮尔逊相关性	−0.008	1	−0.071	0.005	−0.059	−0.012	0.104	−0.224*	−0.039
YN 皮尔逊相关性	0.208*	−0.071	1	−0.099	−0.081	0.030	0.113	0.062	0.032
Mfee 皮尔逊相关性	0.555**	0.005	−0.099	1	−0.028	−0.487**	−0.184	0.285**	−0.142
GROW 皮尔逊相关性	0.016	−0.059	−0.081	−0.028	1	0.019	−0.091	0.023	0.036
INCOME 皮尔逊相关性	−0.292**	−0.012	0.030	−0.487*	0.019	1	0.221*	−0.137	−0.081
ROA 皮尔逊相关性	0.076	0.104	0.113	−0.184	−0.091	0.221*	1	−0.149	0.019
IND 皮尔逊相关性	0.221*	−0.224*	0.062	0.285**	0.023	−0.137	−0.149	1	0.029
YEAR 皮尔逊相关性	−0.007	−0.039	0.032	−0.142	0.036	−0.081	0.019	0.029	1

*在 0.05 级别（双尾），相关性显著；

**在 0.01 级别（双尾），相关性显著。

表 5-5　共线性检验

模型 B	未标准化系数		标准化系数	t	显著性	共线性统计	
	标准错误	Beta			容差	VIF	
（常量）	−1.029	0.320		−3.211	0.002		
YN	0.319	0.109	0.225	2.932	0.004	0.942	1.062
Mfee	0.935	0.138	0.598	5.797	0.000	0.713	1.402
GROWTH	0.035	0.146	0.018	0.237	0.813	0.993	1.007
INCOME	−0.030	0.086	−0.029	−0.347	0.729	0.788	1.269
ROA	3.572	1.183	0.231	3.018	0.003	0.940	1.064
IND	0.245	0.114	0.171	2.148	0.034	0.872	1.147
YEAR	0.099	0.176	0.043	0.560	0.577	0.955	1.047

（注：模型 1）

方差膨胀因子 VIF<5，由此可以判断各变量之间并不存在多重共线性的问题，可以进行下一步的回归分析。

第五节　回归分析

通过对各变量之间进行相关性分析后，发现各变量之间不存在多重共线性的问题，因此这里首先对模型一进行下一步的回归分析，其结果如下表 5-6、5-7 所示：

表 5-6　模型一检验

模型摘要 b										
模型	R	R 方	调整后 R 方	标准估算的错误	更改统计					德宾－沃森
					R 方变化量	F 变化量	自由度 1	自由度 2	显著性 F 变化量	
1	0.6930a	0.4800	0.4420	0.5323	0.4800	12.4180	7	94	0.0000	2.2070

表 5-7　模型一回归分析

模型 B		未标准化系数		标准化系数	t	显著性 容差	共线性统计	
		标准错误	Beta				VIF	
1	（常量）	−1.029	0.320		−3.211	0.002		
	YN	0.319	0.109	0.225	2.932	0.004	0.942	1.062
	Mfee	0.935	0.138	0.598	5.797	0	0.713	1.402
	GROWTH	0.035	0.146	0.018	0.237	0.813	0.993	1.007
	INCOME	−0.030	0.086	−0.029	−0.347	0.729	0.788	1.269
	ROA	3.572	1.183	0.231	3.018	0.003	0.940	1.064
	IND	0.245	0.114	0.171	2.148	0.034	0.872	1.147
	YEAR	0.099	0.176	0.043	0.560	0.577	0.955	1.047

不管是 R 方还是调整后的 R 方都在 45% 左右，说明对各变量的解释都超过了 45%。在进行德宾 – 沃森检验后其值为 2.207，也就说明各个变量之间没有自相关关系。有风险投资背景（YN）的企业 p 值为 0.004，要小于 0.1，且观察其系数可以发现其系数为正，说明风险投资背景与企业研发投入之间呈现显著的正相关，这也与假设一的结果相吻合，即有风险投资机构的介入会对企业的研发投入产生正向的激励作用。

表 5-8　模型二检验

模型	R	R 方	调整后 R 方	标准估算的错误	更改统计					德宾 – 沃森
					R 方变化量	F 变化量	自由度 1	自由度 2	显著性 F 变化量	
1	0.6580a	0.4330	0.3910	0.5562	0.4330	10.2670	7	94	0	2.0240

表 5-9　模型二回归分析

模型 B	未标准化系数		标准化系数	t	显著性容差	共线性统计	
	标准错误	Beta				VIF	
（常量）	−1.047	0.405		−2.583	0.011		
SH	−0.088	0.363	−0.019	−0.242	0.809	0.942	1.062
Mfee	0.865	0.142	0.553	5.090	0	0.730	1.369
1	GROWTH	0.052	0.153	0.027	0.339	0.735	0.984	1.017
INCOME	−0.078	0.089	−0.075	−0.870	0.386	0.806	1.240
ROA	3.926	1.236	0.254	3.175	0.002	0.939	1.065
IND	0.257	0.120	0.179	2.140	0.035	0.859	1.164
YEAR	0.090	0.185	0.039	0.488	0.627	0.949	1.054

从表 5-8 的结果可以看出，不管是 R 方还是调整后的 R 方都在 40% 左右，即有 40% 地把握解释各变量的拟合程度。在进行德宾－沃森检验后其值为 2.024，说明各变量之间不存在自相关问题。分析表 5-9 回归结果，其中股东持股比例（SH）这一自变量的系数为负且其 p 值大于 0.1，说明股东持股比例与企业研发投入之间并不存在显著的正相关关系，假设二没有通过检验，而形成这一结果的原因可能是股东中各个股东的诉求是不同的，比如，大部分股东为了实现股东财富最大化的目标可能会加大对企业研发的投入，但也存在部分股东为了规避自身风险而拒绝企业加大研发投入，因为企业加大研发投入本来就伴随有很大风险，这就可能会抑制企业加大研发投入的信心，从而造成股东持股比例与企业研发投入并不显著。

第六节　控制变量回归结果分析

管理费用率（Mfee）p 值均小于 0.1，观察其系数可以发现其系数为正，说明该变量在 5% 的水平上与企业的研发投入呈现显著的正相关关系，也就说明了企业加大研发投入会造成企业管理费用的上升，而造成这一结果的原因可能是企业在研发的过程中会产生大量的管理费用（其中除了归集于资本化的部分，其余管理费用的剩余部分都计入了当期损益），这一结果也符合企业经营现状。再看企业的成长性指标（GROWTH）与企业规模指标（INCOME）及企业成熟度指标（YEAR）三个变量的 p 值都大于 0.1，说明企业研发投入（RDI）与企业的规模（INCOME）、企业成长性（GROWTH）及企业的成熟度（YEAR）之间不存在显著的正相关或负相关关系，这三个指标均未通过检验。这一点也可以从我国企业中找到类似结论，比如，小米、联想等企业虽然在企业成长性、企业规模以及企业成熟度等方面都远远高于其他类似企业，然而对比研发投入在其营业收入中的占比却不大。再观察企业经营业绩（ROA）这一指标二者的 p 值都小于 0.1，且其系数为正值，说明企业研发投入与经营业绩之间是呈现显著的正相关关系，该指标反映了企业的获利能力以及经营管理水平，也就是说企业的获利能力越强、管理水平越高，企业的研发投入相应也就越大，这也符合我们对企业的日常认知。就企业行业（IND）而言，这里对信息技术类行业和制造业行业进行了虚拟哑变量的设置，在通过回归分析时自动剔除了对因变量解释较弱的制造业行业，观察其 p 值均小于 0.1，并且其标准化系数为正值，也就说明信息技术类企业的研发支出要强于制造业并且呈显著的正相关，即行业的不同也会导致企业研发投入的不同，这也符合我们对中国风险投资行业的观察，即信息技术行业相较于制造业更容易获得风险投资机构的关注，更可能获得风险投资企业的融资支持。

第七节　结论及相关建议

一、结论

现阶段我国已进入高质量发展阶段，国家对于各行业的创新研发也更加重视，大众创新、万众创业的趋势更加明显。在这个过程中，风险投资对于企业的发展也显得越发重要，但怎样协调风险投资在企业发展中所发挥的作用也是一个很重要的问题。随着我国投融资渠道的日益完善以及风险投资的快速发展，风险投资的作用更是受到外界的关注。同时，本章考虑到股权的变动可能也会对企业的研发投入产生一定影响，故而从这一视角进行企业研发投入的影响探究，最终得出如下结论：

结论一：风险投资对于企业的研发投入有一定的促进作用且呈现显著的正相关关系。

结论二：股东持股比例与企业的研发投入并不存在显著的相关关系。

结论三：通过对制造业与信息技术类企业研发投入额发现，行业的不同也会对企业的研发投入产生影响，信息技术类企业更注重研发的投入。

综上所述，风险投资机构的介入会对企业的研发投入产生积极的影响，因此，政府方面对于风险投资机构的引导应当制定合理的政策来促进企业的发展，而企业也应当积极地谋求与风险投资企业的合作，获得风险投资企业的融资支持，大力投入研发来提高企业的核心竞争力。

二、建议

（一）企业方面

首先，企业应该跟随国家政策，始终把创新研发放在首位，提高核心竞争力，使企业能长远发展。其次，企业应该在规避自身风险的同时合理地与适合自己的风险投资合作，使得企业能够走向快速发展的快车道，资金更加充足，也更有利于企业的研发和发展。最后，企业应当诚实经营，按时披露真实的财报信息，让更多的投资人有信心加大对该企业的投资，降低企业融资的难度。

（二）风险投资机构方面

首先，风险投资机构应时刻秉持长期投资的目标。随着企业与合作伙伴、员工以及投资者的关系更加紧密，风险投资机构的趋利性很可能对于企业的发展产生一定消极的影响，如风险投资机构过度追求利益最大化可能会损害企业的信誉、损害债权人以及供货商以及公司员工的利益，所以风险投资机构与企业间的协调沟通就十分重要。其次，风险投资机构也应该重视自身建设，积极引进先进的投资理念与方法，培养更高层次的投资型人才，为企业的发展注入新活力。最后，风险投资机构应当与企业积极衔接沟通，打造具有我国特色的投融资产业链，使得风险投资更加符合规范，使得市场环境能够得到大幅改善，促进有效循环。

（三）政府方面

首先，政府应该制定合理的政策，积极鼓励引导风险投资机构的发展，与此同时，政府也应当积极宣传风险投资在企业发展中的作用，以免融资企业对风险投资企业产生抵触心理。尽管我国投融资渠道已经日益完善，各方面也都趋于成熟，但同时也会出现很多问题，比如说企业滥用融资资金等，所以，对于这些问题的规避也十分重要。对于风险投资机构的发展，政府可以通过培养更高层次的投资型人才、引进国外先进的投资理念与方法。风险投资对于企业的发展十分重要，风险投资不仅可以解决企业融资难的问题，同时还可以给企业提供先进的管理理念，提高企业的核心竞争力，掌握核心技术，这对于提升我国技术创新力也十分重要。

第八节　研究的不足

行业的选取上，本章着重分析了风险投资背景与股东持股比例对信息技术类企业与制造业企业研发投入的影响，对其他企业并没有进行相关的分析，因此最终的结论可能存在一定的局限性。

本章因变量的选取为研发投入密度，并以营业收入作为相关指标进行分析，并没有对可能影响企业研发投入的其他因素进行分析界定，如企业的总资产等，在指标的选取上可能存在一定的局限性。

数据的选取上，在剔除数据缺失企业和被退市企业之后，共选用创业板 111 家企业 2011—2019 年的数据进行相关分析，对于股东持股比例和风险投资背景的选取都是来源于该企业的招股说明书，虽然笔者尽可能核对所选取数据的真实性，但难免还是会出现一定的误差。

第六章 创业板上市公司风险投资对企业技术创新的影响研究

第一节 引言

创新作为发展的核心竞争力，要想得到发展，创新是必不可少的。只有掌握先进的技术，国家的经济才能健康长远地发展，在国际上也会更有话语权。伴随着知识经济时代的到来，以及世界经济全球化进程的不断加深，科技更新换代的速度与日俱增，关于技术创新的竞争越来越激烈。初创企业作为我国技术创新的重要战略主体，对其技术创新产生影响的因素有很多，其中最重要的因素便是资金。由于技术创新自身所具有的不确定性及高风险性等特征，导致企业无法通过传统的融资方式来获取足够的资金，而风险投资的出现正好可以解决这一问题。风险投资向企业提供资金支持帮助企业进行研发活动，研发出来的项目进入市场，为投资者带来高收益。

相较于一些发达国家来说，我国风险投资行业起步较晚，因此风险投资对技术创新的影响在此之前一直都是国外学者研究的热点问题。随着我国风险投资的快速发展，国内许多学者也开始关注这个问题，关于这方面的研究越来越多。但是根据目前已有的研究来看，大多数研究都集中于宏观层面，从企业层面进行分析的研究很少。因此，本章选用创业板上市公司作为研究对象，从企业层面出发，探究风险投资对技术创新的影响，这对于丰富并完善风险投资对企业技术创新影响的体系具有重要的理论意义。

选择在创业板上市的企业作为研究对象的原因主要有两点：一是创业板自2009年在我国创立以来，发展迅速，态势良好，市场逐渐成熟，而且在创业板上市的企业有风险投资背景的居多；二是创业板上市的公司大多是初创企业，这类企业具有高科技性、高成长性，同时由于成立时间不长、规模相对较小，所以这类企业为了快速在市场上占有一席之地，会更加重视技术创新的发展，投入更多的资金研发出创新性高的产品或技术，风险投资机构也会将这类企业作为投资的首选目标，因此选择这类企业进行研究会更有意义。

第二节　文献回顾与假设提出

一、文献回顾

目前，有许多学者对于风险投资对企业技术创新的影响这一问题进行过研究，但得出的结论却不统一。目前，关于这个问题的研究主要有以下三种结论：

第一，风险投资促进企业技术创新。吴涛（2017）以2012—2014年创业板的上市公司为研究对象，采用处理效应模型和CDM模型，研究显示风险投资机构数量能够提高企业的技术创新投入和产出。王洁茹（2019）选择2016年前在创业板上市的企业为研究对象，通过实证研究结果表明：风险投资的参与对企业的技术创新投入和产出均有正向影响。

第二，风险投资与企业技术创新无显著关系。张一帆（2017）以中小板和创业上市公司为研究对象，研究发现风险投资的持股背景并不能影响企业的创新投入与产出。黄丹丹（2018）以2009—2016年创业板上市的科技型企业为研究对象，研究显示风险投资对企业的技术创新的作用并不显著。

第三，风险投资抑制企业技术创新。苟燕楠和董静（2014）以截至2010年中小板上市的企业为研究对象，通过实证研究发现：政府背景、公司背景以及混合背景的风险投资对企业的研发投入均为负相关。温军和冯根福（2018）以2004—2013年我国创业板和中小企业板的企业上市前的数据为研究对象，采用倾向得分匹配法和倍差估计量的研究方法，从增值服务和攫取行为交互作用的研究角度发现，风险投资和企业的技术创新呈现U型关系，即先抑制后促进，一般在企业上市当年或者上市前一年是此抑制作用表现出最大值的时间。

二、提出假设

根据已有的一些理论和研究，本章将企业技术创新分为创新投入和创新产出两个方面，分别来研究风险投资参与以及风险投资机构数量对企业技术创新的影响。

（一）风险投资参与对企业技术创新的影响

那些发展潜力好、具有一定的市场竞争力且有创新性的初创企业往往是风险投资机构首选的投资对象。但这类企业由于自身的一些特征导致无法从传统的融资方式获得充足的资金，没有充足的资金，企业的创新活动就会受到阻碍，技术创新能力也会受到影响，而风险投资机构正好可以解决资金这一问题，并且风险投资机构还在企业的日常管理活动、社会资源及外部环境等多方面给予企业支持，使企业能够少走弯路，快速进入市场并具有一定的竞争力，从而提升企业的技术创新能力。

基于上文的描述提出以下两个假设：

假设1：风险投资参与与企业技术创新投入正相关。

假设2：风险投资参与与企业技术创新产出正相关。

（二）风险投资机构数量对企业技术创新的影响

技术创新具有不确定性和高风险性的特点，部分风险投资机构为了降低自身所要承担的风险，大多会选择几家机构联合去投资一家企业。与一家风险投资机构进行投资相比，多家风险投资机构共同投资一家企业对企业技术创新的影响主要体现在三个方面，具体如下：

1. 多家投资机构共同投资不仅可以提供充足的资金使企业的研发活动顺利进行，还可以降低各个风险投资机构承担风险的概率。

2. 多家机构共同投资可以发挥协同效应，扩大资源边界，为被投资企业提供更多的创新相关资源，提升企业的技术创新能力。

3. 一家机构进行投资为了降低风险，可能会影响企业技术创新投入规模，从而影响企业技术创新的产出能力。多家机构共同进行投资可以起到互相监督、互相约束的作用，投资视角较为长远，能够有效抑制风险投资过程中存在的投机性。

基于上文的描述提出以下两个假设：

假设3：风险投资机构数量与企业技术创新投入正相关。

假设4：风险投资机构数量与企业技术创新产出正相关。

第三节　变量描述并构建模型

一、变量描述

（一）被解释变量

1. 技术创新投入

企业技术创新投入指标的选择主要有研发费用占总资产的比例、研发费用占企业市场价值的比例、研发费用占营业收入的比例三种。第一种无法避免企业资产的构成对其风险承受力的影响，第二种无法准确确定企业的市场价值。因此，本章数据选择以研发费用占营业收入的比例来度量企业技术创新投入，以符号 R&D 表示。

2. 技术创新产出

目前已有的研究中，大多用企业创新产品的销售收入和企业的专利数量这两个指标来度量企业技术创新产出能力。由于创新产品的销售收入没有一个标准来区分，这方面的数据很难获取，因此选择以专利数作为度量企业技术创新产出的指标。而专利数又分为发明专利、实用新型、外观设计三大类，由于发明专利更能表示企业的创新能力，所以以企业的发明专利申请数量来度量企业技术创新产出，以符号 PATENT 表示。

（二）解释变量

1. 风险投资参与

为了探究风险投资对企业技术创新的影响，本研究将风险投资参与设为虚拟变量，以符号 VC 表示，如果企业有风险投资参与，设为 1，反之则设为 0。

2. 风险投资机构数量

在有风险投资参与的前提下，数据以企业前十大股东中风险投资机构股东的数量来度量风险投资机构数量，以符号 VCNUM 表示。

（三）控制变量

影响企业技术创新的因素中除了风险投资参与和风险投资机构数量，还与众多因素有关。本章选择可度量的因素作为控制变量加入模型进行分析，主要包括企业的规模、所属的行业、财务杠杆水平及其经营绩效。

1. 企业规模

关于企业规模与技术创新之间的关系，已经有许多国内外学者对其研究过，但没有得出统一的结论。本研究参考黄丹丹（2018）的研究，选择以企业的资产规模作为控制变量来研究其对技术创新的影响，以符号 SIZE 表示。

2. 企业所属行业

风险投资机构在决定投资一家企业时，主要考虑企业未来的发展前景、盈利状况等，而不同行业的发展前景及相关政策会对企业的盈利状况产生影响，如高新技术行业由于政策的扶持，其行业的发展前景相对较好。所以本研究将企业所处的行业设成虚拟变量，以符号 INDUSTRY 表示，如果企业所属行业为制造业、信息传输业、软件及信息技术服务业，则取值为 1，反之则设为 0。

3. 企业财务杠杆

企业财务杠杆代表了企业的负债水平和资本结构，财务杠杆的好坏会影响其获得风险投资投入的概率，进而影响企业的技术创新能力。因此本研究选择以资产负债率来度量企业财务杠杆水平，以符号 LEV 表示。

4. 企业的经营绩效

本章从盈利能力、偿债能力和成长能力等方面考察企业的经营绩效。因此选择以净资产收益率（ROE）度量盈利能力、资产负债率（LEV）度量偿债能力、营业收入增长率（GA）度量成长能力来研究其对企业技术创新的影响。对于所选变量的具体描述如表 6-1 所示：

表 6-1　变量的具体描述

变量名称	变量名	变量符号	变量定义
被解释变量	技术创新投入	R&D	企业上市前三年研发费用占营业收入比例的平均值
	技术创新产出	PATENT	企业上市前一年至上市后一年的发明专利申请数
	风险投资参与	VC	虚拟变量，有风险投资参与的企业为 1，否则为 0
	风险投资机构数量	VCNUM	企业前十大股东中风险投资机构股东的数量
控制变量	资产规模	SIZE	企业上市前一年总资产的对数
	所处行业	INDUSTRY	虚拟变量，若为制造业、信息传输业、软件及信息技术服务业则为 1，否则为 0
	资产负债率	LEV	企业上市前一年的总负债 / 总资产
	净资产收益率	ROE	企业上市前一年的公司税后利润 / 所有者权益
	流动资产 / 总资产	LR	企业上市前一年的流动资产 / 总资产
	营业收入增长率	GA	企业上市前一年的营业收入增长率

二、构建实证研究模型

（一）风险投资对企业技术创新投入的影响

为了验证风险投资参与和风险投资机构数量对企业技术创新投入的影响，根据上述的研究假设以及对各变量的描述构建如下多元线性回归模型：

$$R \& D = (\beta_0 + \beta_1 VC + \beta_2 SIZE + \beta_3 INDUSTRY \\ + \beta_4 LEV + \beta_5 ROE + \beta_6 LR + \beta_7 GA + \varepsilon) \tag{1}$$

$$R \& D = (\beta_0 + \beta_1 VCNUM + \beta_2 SIZE + \beta_3 INDUSTRY + \beta_4 LEV \\ + \beta_5 ROE + \beta_6 LR + \beta_7 GA + \varepsilon) \tag{2}$$

（二）风险投资对企业技术创新产出的影响

为了验证风险投资参与和风险投资机构数量对企业技术创新产出的影响，根据上述的研究假设以及对各变量的描述构建如下多元线性回归模型：

$$PATENT = (\beta_0 + \beta_1 VC + \beta_2 SIZE + \beta_3 INDUSTRY + \beta_4 LEV \\ + \beta_5 ROE + \beta_6 LR + \beta_7 GA + \varepsilon) \tag{3}$$

$$PATENT = (\beta_0 + \beta_1 VCNUM + \beta_2 SIZE + \beta_3 INDUSTRY + \beta_4 LEV \\ + \beta_5 ROE + \beta_6 LR + \beta_7 GA + \varepsilon) \tag{4}$$

第四节　实证研究

一、样本选择与数据来源

（一）样本选择

样本选取 2015—2016 年在创业板上市的企业作为研究对象，这两年共上市 161 家企业，在样本的选择过程中剔除 ST 和 ST* 类的企业及数据不完整的企业后共选取 150 家样本企业。由于部分风险投资机构在企业 IPO 以后会选择退出，为了数据的完整性和准确性，选取了企业上市前的数据。

（二）数据来源

样本中风险投资的数据来自企业 IPO 时发布的招股说明书，发明专利申请数量来自知识产权局，财务状况的数据来自深圳证券交易所所披露的相关文件。

二、描述性分析

对本研究变量按照有风险投资参与的企业和无风险投资参与的企业进行描述性分析，结果如表 6-2 和表 6-3 所示。

表 6-2　有风险投资参与的描述性统计结果

变量名	变量符号	观测数	平均值	标准差	最小值	最大值
技术创新投入	R&D	102	6.811	3.835	1.089	23.750
技术创新产出	PATENT	102	26.420	34.180	0.000	179.000
风险投资机构数量	VCNUM	102	4.693	1.658	2.000	8.000
资产规模	SIZE	102	20.080	0.596	18.860	23.630
所处行业	INDUSTRY	102	0.931	0.253	0	1.000
资产负债率	LEV	102	36.770	14.840	6.237	74.860
净资产收益率	ROE	102	20.170	6.839	5.639	53.830
流动资产／总资产	LR	102	29.000	16.220	1.129	78.190
营业收入增长率	GA	102	14.610	16.140	−24.730	75.410

表 6-3　无风险投资参与的描述性统计结果

变量名	变量符号	观测数	平均值	标准差	最小值	最大值
技术创新投入	R&D	48	5.085	2.934	0.189	13.810
技术创新产出	PATENT	48	6.313	6.168	0.000	29.000
资产规模	SIZE	48	19.990	0.486	18.780	21.300
所处行业	INDUSTRY	48	0.875	0.331	0.000	1.000
资产负债率	LEV	48	36.370	15.470	6.528	69.210
净资产收益率	ROE	48	21.240	6.200	8.782	38.400
流动资产／总资产	LR	48	29.080	16.610	2.544	82.650
营业收入增长率	GA	48	9.589	16.180	−26.560	70.590

根据表 6-2 和表 6-3 可知，样本企业共 150 家，其中有风险投资参与的有 102 家企业，占样本总数的 68.00%，无风险投资参与的有 48 家企业，占样本总数的 32.00%。有风险投资背景的企业数量远远多于没有风险投资背景的企业数量，说明风险投资机构还是更倾向于投资创业板上市公司。有风险投资参与的企业技术创新投入（R&D）和技术创新产出（PATENT）均值分别为 6.811 和 5.085，无风险投资参与的企业技术创新投入和技术创新产出的均值为 5.085 和 6.313，说明有风险投资参与的企业技术创新投入和产出整体上是高于无风险投资参与的

企业，即风险投资参与会促进企业的技术创新投入和技术创新产出能力，这与本研究的假设1和假设2保持一致。从控制变量来说，有风险投资参与的企业资产规模（SIZE）、所处行业（INDUSTRY）、资产负债率（LEV）、营业收入增长率（GA）均值分别为20.08、0.931、36.77、14.61，无风险投资参与的企业资产规模（SIZE）、所处行业（INDUSTRY）、资产负债率（LEV）、营业收入增长率（GA）均值分别为19.99、0.875、36.37、9.589。有风险投资参与的企业其均值数值整体上高于无风险投资参与的企业，说明有风险投资参与的企业在企业规模、偿债能力及成长能力方面要好于无风险投资参与的企业。

三、相关性分析

相关性分析可以衡量多个变量之间的相关密切程度，只有各个变量之间不存在相关性，才能确保回归结果的有效性。因此运用SPSS软件对被解释变量、解释变量及控制变量进行了相关系数检验，结果如表6-4所示。

表6-4　Pearson系数

	RD	PATENT	VC	VCNUM	SIZE	INDUSTRY	LEV	ROE	LR	GA
RD	1	——	——	——	——	——	——	——	——	——
PATENT	0.427**	1	——	——	——	——	——	——	——	——
VC	0.220**	0.309**	1	——	——	——	——	——	——	——
VCNUM	0.432**	0.462**	0.847**	1	——	——	——	——	——	——
SIZE	−0.138	0.349**	0.074	0.034	1	——	——	——	——	——
INDUSTRY	0.259**	0.118	0.093	0.160	−0.062	1	——	——	——	——
LEV	−0.177*	0.177*	0.043	−0.020	0.563**	−0.224**	1	——	——	——
ROE	0.202*	−0.019	−0.068	0.017	−0.074	0.099	−0.094	1	——	——
LR	−0.191*	−0.051	−0.002	−0.059	0.142	−0.023	0.093	−0.054	1	——
GA	0.315**	0.247**	0.142	0.162*	0.091	0.087	0.143	0.400**	−0.045	1

注：** 在 0.01 水平上显著相关，* 在 0.05 水平上显著相关

由表6-4可以看出，风险投资参与（VC）以及风险投资机构数量（VCNUM）与技术创新投入（R&D）之间的相关系数分别为0.220和0.432，与技术创新产出（PATENT）之间的相关系数分别为0.309和0.462，且都在1%的水平上显著正相关，说明解释变量会促进被解释变量，这初步验证了本研究所提出的假设。表6-4中风险投资参与（VC）与风险投资机构数量（VCNUM）之间的相关系数为0.847，数值比较高，可能存在严重的多重共线性，但这两个变量不会在一个模型中进行回归，因此不予考虑。其余各变量的相关系数均没有超过0.6，数值不高，但相关系数的数值不论高低都有可能存在多重共线性，因此为避免多重共

线性的存在进而影响回归结果，将对本章构建的四个模型进行多重共线性检验。

四、多重共线性检验

基于上文描述，用 SPSS 软件对各模型做多重共线性检验，结果如表 6-5 所示：

表 6-5　模型的方差扩大因子

模型一		模型二		模型三		模型四	
变量	VIF	变量	VIF	变量	VIF	变量	VIF
VC	1.052	VCNUM	1.060	VC	1.052	VCNUM	1.060
SIZE	1.497	SIZE	1.497	SIZE	1.497	SIZE	1.497
INDUSTRY	1.086	INDUSTRY	1.099	INDUSTRY	1.086	INDUSTRY	1.099
LEV	1.596	LEV	1.598	LEV	1.596	LEV	1.598
ROE	1.252	ROE	1.233	ROE	1.252	ROE	1.233
LR	1.025	LR	1.028	LR	1.025	LR	1.028
GA	1.293	GA	1.288	GA	1.293	GA	1.288
因变量：RD				因变量：PATENT			

四个模型中各个变量之间的方差扩大因子即 VIF 值均小于 5，说明各变量之间不存在多重共线性问题，可以对各模型进行回归分析。

五、回归分析

通过相关性分析和多重共线性检验，说明各变量之间有一定的相关关系且不存在多重共线性，为进一步验证提出的假设，本节运用 SPSS 软件对各模型做回归分析。

（一）风险投资参与与技术创新投入的回归分析

为验证假设 1，将风险投资参与与技术创新投入做回归分析，回归结果如表 6-6 所示。

表 6-6　风险投资参与与技术创新投入的回归结果

	非标准化系数		标准化系数		
	B	标准错误	Beta	t	显著性
（常量）	12.666	11.161	——	1.135	0.258
风险投资参与（VC）	1.417	0.588	0.181	2.409	0.017
资产规模（SIZE）	−0.441	0.579	−0.068	−0.761	0.448
所处行业（INDUSTRY）	2.299	0.991	0.177	2.320	0.022
资产负债率（LEV）	−0.030	0.022	−0.124	−1.347	0.180

续表

	非标准化系数		标准化系数		
	B	标准错误	Beta	t	显著性
净资产收益率（ROE）	0.033	0.041	0.065	0.801	0.424
流动资产/总资产（LR）	−0.032	0.016	−0.150	−2.028	0.044
营业收入增长率（GA）	0.057	0.018	0.265	3.191	0.002
样本量	150				
R方	0.242				
调整R方	0.205				
F值	6.479				
P值	0				

由表6-6可知，回归方程R方为0.242，调整后的R方为0.205，说明模型拟合优度一般。F值为6.479且P值为0，所以该模型整体上是显著的。风险投资参与（VC）的回归系数为1.417，t检验值为2.409，p值为0.017<0.05，说明风险投资参与（VC）与技术创新投入（R&D）之间显著正相关，假设1通过，即风险投资参与会促进企业的技术创新投入。

（二）风险投资机构数量与技术创新投入的回归分析

为验证假设2，将风险投资机构数量与技术创新投入做回归分析，回归结果如表6-7所示。

表6-7　风险投资机构数量与技术创新投入的回归结果

	非标准化系数		标准化系数		
	B	标准错误	Beta	t	显著性
（常量）	13.520	10.453	——	1.293	0.198
风险投资机构数量（VCNUM）	0.516	0.100	0.363	5.154	0
资产规模（SIZE）	−0.504	0.543	−0.078	−0.929	0.354
所处行业（INDUSTRY）	1.843	0.933	0.142	1.974	0.050
	B	标准错误	Beta	t	显著性
资产负债率（LEV）	−0.026	0.021	−0.109	−1.260	0.210
净资产收益率（ROE）	0.032	0.038	0.064	0.845	0.399
流动资产/总资产（LR）	−0.028	0.015	−0.131	−1.893	0.060
营业收入增长率（GA）	0.051	0.017	0.235	3.028	0.003
样本量	150				
R方	0.335				
调整R方	0.303				
F值	10.238				
P值	0				

由表6-7可知，回归方程R方为0.335，调整后的R方为0.303，说明模型拟合优度一般。F值为10.238且P值为0，所以该模型整体上是显著的。风险投

资机构数量（VCNUM）的回归系数为 0.516，t 检验值为 5.154，p 值为 0.000<0.05，说明风险投资机构数量（VCNUM）与技术创新投入（R&D）之间显著正相关，假设 2 通过，即风险投资机构数量会促进企业的技术创新投入。

控制变量方面，所处行业（INDUSTRY）、营业收入增长率（GA）的回归系数为正且 p 值均小于 0.05，说明所处行业和营业收入增长率与企业技术创新投入显著正相关，即企业为制造业、信息传输业、软件及信息技术服务业，企业技术创新投入越多；营业收入增长率越高，企业技术创新投入越多。资产规模（SIZE）、资产负债率（LEV）、净资产收益率（ROE）、流动资产 / 总资产（LR）的 p 值均大于 0.05，说明其对企业技术创新投入无显著关系。

（三）风险投资参与与技术创新产出的回归分析

为验证假设 3，将风险投资参与与技术创新产出做回归分析，回归结果如表 6-8 所示。

表 6-8　风险投资参与与技术创新产出的回归结果

	非标准化系数		标准化系数		
	B	标准错误	Beta	t	显著性
（常量）	−356.409	90.418	——	−3.942	0
风险投资参与（VC）	15.537	4.766	0.242	3.260	0.001
资产规模（SIZE）	18.239	4.694	0.344	3.886	0
所处行业（INDUSTRY）	10.292	8.028	0.097	1.282	0.202
资产负债率（LEV）	−0.066	0.182	−0.033	−0.364	0.717
净资产收益率（ROE）	−0.307	0.329	−0.076	−0.934	0.352
流动资产 / 总资产（LR）	−0.153	0.126	−0.088	−1.208	0.229
营业收入增长率（GA）	0.359	0.145	0.204	2.476	0.014
样本量	150				
R	0.257				
调整 R	0.220				
F 值	6.000				
P 值	0				

由表 6-8 可知，回归方程 R 方为 0.257，调整后的 R 方为 0.220，模型拟合优度一般。F 值为 6.000 且 P 值为 0，所以该模型整体上是显著的。风险投资参与（VC）的回归系数为 15.537，t 检验值为 3.260，p 值为 0.001<0.05，说明风险投资参与（VC）和技术创新产出（PATENT）之间显著正相关，假设 3 通过，即风险投资参与会促进企业的技术创新产出。

（四）风险投资机构数量与技术创新产出的回归分析

为验证假设 4，将风险投资机构数量与技术创新产出做回归分析，回归结果如表 6-9 所示。

表 6-9　风险投资机构数量与技术创新产出的回归结果

	非标准化系数		标准化系数		
	B	标准错误	Beta	t	显著性
（常量）	−349.217	83.976	——	−4.159	0.000
风险投资机构数量（CNUM）	4.760	0.805	0.409	5.916	0.000
资产规模（SIZE）	16.773	4.358	0.335	4.078	0.000
所处行业（INDUSTRY）	6.465	6.498	0.061	0.862	0.390
资产负债率（LEV）	−0.033	0.169	−0.016	−0.192	0.848
净资产收益率（ROE）	−0.336	0.303	−0.083	−1.110	0.269
流动资产/总资产（LR）	−0.117	0.118	−0.068	−0.994	0.322
营业收入增长率（GA）	0.312	0.134	0.177	2.323	0.022
样本量	150				
R	0.359				
调整 R	0.327				
F 值	11.358				
P 值	0.000				

由表 6-9 可知，回归方程 R 方为 0.359，调整后的 R 方为 0.327，模型拟合优度一般。F 值为 11.358 且 P 值为 0，所以该模型整体上是显著的。风险投资机构数量（VCNUM）的回归系数为 4.760，t 检验值为 5.916，p 值为 $0.000 < 0.005$，说明风险投资机构数量（VCNUM）与企业技术创新产出（PATENT）之间显著正相关，假设 4 通过，即风险投资机构数量会促进企业的技术创新产出。

控制变量方面，资产规模（SIZE）、营业收入增长率（GA）的回归系数为正且 p 值均小于 0.05，说明资产规模和营业收入增长率与企业技术创新产出显著正相关，即资产规模越大，企业技术创新投入越多；营业收入增长率越高，企业技术创新投入越多。所处行业（INDUSTRY）、资产负债率（LEV）、净资产收益率（ROE）、流动资产/总资产（LR）的 p 值均大于 0.05，说明其对企业技术创新产出无显著关系。

第五节 结论与建议

一、结论

本章在已有的研究基础上，选取2015—2016年在创业板上市的150家企业为研究对象，以企业上市前的数据为实证研究的基础数据，采用多元线性回归模型，研究风险投资参与和风险投资机构数量对企业技术创新的影响。最终提出的四个假设均通过了验证并得出以下结论：

1. 风险投资的参与对技术创新投入和创新产出均起到促进作用。风险投资在企业进行创新活动的过程中，不仅给予了资金方面的支持，还参与了企业的日常经营管理，为企业提供更多创新相关资源，从而促进企业技术创新。

2. 风险投资机构数量对技术创新投入和产出均起到促进作用，即风险投资机构数量越多，技术创新投入越多，企业的发明专利申请数量越多。

3. 所处行业和营业收入增长率与企业技术创新投入显著正相关，即企业为制造业、信息传输业、软件及信息技术服务业，企业技术创新投入越多；营业收入增长率越高，企业技术创新投入越多。

4. 资产规模和营业收入增长率与企业技术创新产出显著正相关，即资产规模越大，企业技术创新投入越多；营业收入增长率越高，企业技术创新投入越多。

二、建议

（一）政府层面

根据实证研究的结论可知，风险投资能够促进企业的技术创新。因此，想要促进企业技术创新的发展就要推动我国风险投资行业的发展。各级政府应充分认识到风险投资的重要性，首先制订风险投资行业发展规划和风险投资相关的优惠政策，调动被投资企业的积极性，营造一种良好的投资氛围；其次加强风险投资相关法律和监管体系建设。目前，我国尚未针对风险投资进行专门立法，风险投资运行依据的法律针对性不强。因此，政府应加强法律体系建设，针对风险投资特点制定相应的法律法规；按照"分类监管、适度监管"原则对风险投资行业进行监管，既要对风险投资的灵活性给予支持，也要防止重大风险的产生；再次建立健全的市场竞争机制和优良的市场竞争环境。政府应出台相关政策，全面推动资源要素市场化改革，便于充分发挥风险投资对企业技术创新的激励机制，从而形成有效完整的创新激励机制。

（二）企业层面

根据实证研究的结论可知，企业的一些内部因素会对技术创新产生影响，如资产规模与经营绩效等，所以改善并提升企业内部经营管理的能力是至关重要的。首先，企业应当制定一些优惠政策来引进研发人员和管理人才，还要定期组织培训、学习等来加大对这些人员的培养力度，从而提升企业整体的管理能力和技术创新能力。其次，企业应根据自身实际情况适当地扩大生产规模，降低企业财务杠杆水平，使企业呈现出良好的发展前景，吸引更多风险投资机构对其进行投资。最后，选择优质的风险投资机构，尽量采用多机构联合投资的策略。充分利用并发挥风险投资机构所带来的资源和优势，使风险投资与技术创新能够更好地融合起来，增加技术创新投入，促进企业技术创新成果的转化。

（三）风险投资机构层面

风险投资机构在企业技术创新的过程中，主要提供资本和非资本的增值服务，从而提高企业的技术创新能力。首先，要针对各个投资领域培育和打造专业的投资团队，通过对行业发展趋势的深入研究，提高自身筛选优质企业的能力。其次，注重风险投资后的管理，风险投资除了对企业提供充足的资金支持以外，同时还以股东的形式参与企业的经营管理，所以应建立专门的业务部门对被投资企业进行管理和服务，重点加强对被投企业投融资、收购兼并、品牌营销、人力资源等方面的服务与指导，从而提升企业的技术创新能力，实现风险投资机构和被投资企业双方利益的最大化。

第七章 深交所中小板创业板风险投资对企业技术创新的影响研究

创新是企业发展的第一动力，是建设经济强国的重要支撑。创新活动不但能改善企业自身绩效问题，还能有效地规避风险。然而，创新活动需要大量的资本投资，面临高风险和不确定性。风险投资作为现代企业的常用融资手段，如何利用风险投资促进技术创新，推动产业结构升级换代，成为目前理论界和学术界的研究热点。

综上所述，本章将利用经验数据和实证方法建立多元线性回归模型，进一步分析风险投资与企业技术创新之间的关系，探索风险投资对创新投入和创新产出的效用，从行业异质性的角度出发，研究风险投资在不同行业中对企业创新投入产生怎样的影响，从企业发展的角度来关注风险投资并提出相关建议，使其更加科学、健康、可持续。

第一节 理论分析与研究假设

一、理论分析

风险投资作为一种独特的获取创新资金支持的方式受到了广泛的关注，国内外许多学者对风险投资与企业技术创新之间的关系进行了大量研究。关于风险投资对企业技术创新的影响持有三种理论观点。

其一，风险投资促进企业技术创新。最早研究风险投资对技术创新影响的是外国学者克鲁格曼·勒纳（Kortum Lerne），其发现风险投资对专利的产出数量是普通投资的 3 倍。此后，许多研究表明，风险投资可刺激企业研发投入和企业创新产出，因为它们倾向于追求高风险和高回报。菲特扎等人的"促进说"认为，风险投资可以为企业提供创新资金来源及技术、市场等方面的指导，可以有效提升企业的经营管理水平。国内学者苟燕楠、董静实证发现风险投资对企业研发投入和专利数量都具有显著积极影响；皇甫玉婷等认为风险投资对被投资企业的创新活动同时具有筛选效应和增值效应。

其二，风险投资抑制企业技术创新。风险投资过快的增长及规模的扩大导致风险投资单位的控制权被削弱，将给风险投资机构带来巨大的管理挑战，从而降低风险投资的创新效率。国内学者向霭旭研究表明风险投资对企业技术创新呈负向影响作用。由于风险投资是近年来快速崛起的产业，增速过快也可能对风险投资的效率产生负面影响，从而降低风险投资在创新中的作用。

另外，还有一类观点认为风险投资与企业技术创新间的相互作用呈中性，相关研究表明风险投资机构的短视行为不能给企业带来更多的创新资源，也不能促进企业的技术创新效益的产生。詹（Jeng）和威尔（Well）认为促进创新并不是风险投资的主要动机。不成熟的创新环境、人才匮乏和对投资单位的帮助有限可能是制约风险投资对创新影响呈中性的重要因素。

总体来说，这些理论还未得到统一的证实。因此，为了实现企业更大利益的获得，研究风险投资对企业技术创新的影响是很有意义的。

二、研究假设

一般来说，企业技术创新融资资金主要来自内部和外部，而外源融资主要包括债券融资、股权融资和风险投资融资，本章主要研究外源融资对企业技术创新的影响。大多数研究都证实风险投资对创业企业具有"认证"和"监督"作用，从而对企业的创新行为产生积极影响。陈泽睿以深交创业板 2010—2016 年的数据为例，实证结果表明风险投资能够提高科技型企业的研发投入。李梦雅基于 2010—2016 年创业板上市公司的面板数据，运用倾向得分匹配方法研究表明，风险投资支持企业的研发投入能够产生额外的激励效应；胡恒强、范从来等人利用 10 年间中国非金融类 A 股上市企业的数据作为实证对象，结果表明股权融资对企业创新投入具有显著的促进作用。付雷鸣等发现风险投资对于企业创新投入效率提高方面有显著的积极作用。金永红等的研究结果也显示无风险投资背景企业的创新研发强度要明显低于拥有风险投资背景企业。风险投资融资能够弥补创新投入资金不足问题，能够帮助企业获得更多的资源。因此基于上述理论，提出假设：

假设 1：风险投资融资对企业技术创新有显著的积极影响。

苟燕楠和董静以 169 家上市公司为例，发现风投的参与对企业创新产出具有显著的提升作用。赵武、陈思等亦支持风险投资通过资金支持能有效促进技术创新产出。陶海飞利用 277 家华东创新型企业数据，研究发现被研究单位在专利申请数量上，风险投资介入起明显促进作用。谢光华等人以 2009—2015 年 A 股上市公司作为研究样本，发现高持股和良好声誉的风险投资能够积极影响企业的创新产出；王金涛运用 102 家新能源上市公司的非平衡面板数据，研究结果表明，风险投资能够更好地为企业提供创新研发基金，刺激企业技术创新，进一步提高企业创新能力和产出。基于上述理论，提出假设：

假设 2：风险投资融资对企业技术创新产出有显著的正向影响。

一些学者仅从某一特定行业出发，研究风险投资对企业研发投入的影响。张春香实证中小板和创业板信息技术行业，显示风投的加入能够显著促进技术创新。然而陈见丽通过对 76 家高新技术企业的研究，发现风险投资介入不一定能增强企业技术创新。而贺炎林（2019）基于行业异质性研究发现风险投资对制造业、计算机通信及其他电子设备制造业等 3 个行业创新投入的影响为正，对租赁和商务服务业等 2 个行业创新投入的影响为负。综上可知，虽然有文献从行业角度出发研究风险投资对企业技术创新的影响，但都是从单一角度出发，较少有文献能够对整体行业进行考察。基于上述理论，提出假设：

假设 3：在不同行业中，风险投资对企业技术创新存在显著差异。

第二节　模型构建与指标选取

一、变量定义

（一）因变量：技术创新

本章研究风险投资对企业技术创新的影响，通过参考文献，用研发投入强度衡量创新投入，用专利申请数量衡量创新产出，虽然研发投入和专利产出数量不能完全体现企业在创新方面的投入和全面衡量企业创新产出质量及领先水平，但这两个指标还是广泛应用于企业创新绩效。通过参考付雷鸣、苟燕楠和杨胜刚等人衡量企业创新的变量，本章用企业上市后第二年的研发投入占营业收入的比例来反映创新投入（Reseach），用企业上市后第二年的专利申请数来反映创新产出（Technology）。

（二）自变量：融资类型

融资类型指获取资金的方式，即融资渠道。融资形式的不同代表担当的风险不同，因而获得的资源和收益也不同。本章采取以债券融资（Bank）、股市股权融资（Stock）、风险投资融资（Venture）作为自变量反映企业融资投资的风险。债券融资水平（Bank）是用资产负债率来控制财务杠杆对企业技术创新的影响。股市股权融资（Stock）是以公司上市时募集资金总额占营业收入比例来衡量，风险投资融资（Venture）是公司招股时风投持有股权比例之和。

（三）控制变量

本章将初始研发水平（Rd）、企业规模（Size）、盈利水平（Roe）、风投参与程度（VCnum）和初始专利水平（Patent）作为控制变量。其中，企业规模（Size）是以公司发行股票时的总资产来衡量的，控制企业资产规模差异对技术创新的影响。盈利水平（Roe）以公司招股时净资产收益率来衡量，控制企业盈利水平差异对技术创新的影响。风投参与程度（VCnum）以公司招股时股东中风投家数来衡量，控制风投参与程度差异对技术创新的影响。另外初始专利水平（Patent）也会在一定程度上影响技术创新。

（四）行业变量

行业因素对企业技术创新也有一定的影响，创新机会和可用的创新资源在不同行业中是有差异的。本章研究样本涵盖18个不同行业，由于一些行业的研究样本太小，无法查验其重要性，通过国家统计局公布的《高技术产业统计分类目录》和《行业分类标准》，对这些行业再归类，最后分为四大类：高科技行业（Hitech）、服务业（Service）、制造业（Mfg）、其他行业（Other）。

主要核心变量定义如表7-1所示。

表7-1　核心变量的定义

变量	变量名称	变量符号	定义
技术创新	创新投入	Reseach	企业上市后第二年的研发投入占营业收入的比例
	创新产出	Technology	企业上市后下一年内的专利申请数量

续表

变量	变量名称	变量符号	定义
融资类型	债权融资	Bank	公司招股时的资产负债率
	股市股权融资	Stock	上市募集资金总额占营业收入比例
	风险投资融资	Venture	公司招股时风投持有股权比例之和
控制变量	初始研发水平	Rd	上市前三年研发投入占营业收入比例的平均值
	企业规模	Size	公司招股时总资产（亿元）
	盈利水平	Roe	公司招股时净资产收益率（加权平均）
	风投参与程度	VCnum	公司招股时股东中风投家数
	初始专利水平	Patent	上市前已获得专利的累计数量
行业变量	高科技	Hitech	互联网、信息、生物技术、医药、电子及光电、机械设备
	制造业	Mfg	石油化工、食品、纺织、金属、木材、造纸
	服务业	Service	交通、金融、批发、房地产、建筑、社会服务、娱乐传媒、教育培训
	其他行业	Other	农业、采掘业

二、样本选择及数据说明

（一）样本选择

研究样本选择 2012—2017 年深交所中小板和创业板的上市公司。中小企业主要针对中小企业，重点为高成长性科技企业提供融资渠道和成长空间；创业板针对的是创业型企业，重点面向高成长性、高风险的科技企业提供融资通道和发展平台。目前中小板、创业板是国内风投公司退出的主要渠道。截至 2017 年 12 月 31 日，深交所中小板、创业板上市公司共 1612 家，笔者选择 2012—2017 年 5 年样本进行研究，5 年间中小板 257 家、创业板 430 家，其中有风险投资参与的企业 481 家。考虑到上市企业相关数据的可得性和可对比性，我们选择有风险投资参与背景的 481 家企业作为主要的研究样本。

通过收集和整理上市公司招股说明书，获取企业上市前三年的研发产出的相关数据、公司招股时风投持有股权比例数据、股东中风投机构数量数据；通过清科数据库、国泰安数据库和私募通数据库获得风险投资参与数据；通过 Wind 数据库获取公司的总资产和资产负债率数据；通过查找国家专利统计局及企业年报获取企业专利数产出数。

（二）数据说明

对于风险投资背景：对于十大股东的名称中包含"风投""创业资本投资"、"股权投资"等关键词，则认定该企业具有风险投资背景。

对于数据缺失的样本，尝试通过查阅年报和招股说明书等方法补全相关数据，查阅不到则剔除相关公司。去除已退市公司，去除 ST、*ST 等非正常运营公司。最终选取有风险投资参与的 481 家上市公司为样本，共 4810 个观测值。其中创新投入、股市股权融资、风险投资融资、初始研发水平是通过手动查找相关变量进行计算得来。

（三）主要变量描述性统计

在 481 家有风险投资背景的研究样本中，企业平均创新投入（Reseach）的均值为 0.07%，表明样本上市公司研发投入占营业收入的比重均值 0.07%。创新产出（专利申请数量）为 24.83 件。债券融资的均值为 24.55，表明财务杠杆对企业技术创新的影响水平为 24.55。股市股权融资均值为 0.81，表明公司上市时募集资金总额占营业收入平均比例为 81%。经过分析风险投资的平均值为 0.2014，表明样本中有 20.14% 的观测值具有风险投资背景，与郭玥得出的均值 0.214 相近，表明样本数据选择与全国水平较为相近合理。

主要变量描述性统计见表 7-2 所示：

表 7-2　主要变量的描述性统计

变量名称	变量符号	均值	标准差	最小值	最大值	样本量
创新投入	Reseach	0.07	0.06	0	0.63	481
创新产出	Technology	24.83	40.78	0	367.00	481
债权融资	Bank	24.55	13.92	1.10	75.82	481
股市股权融资	Stock	0.81	0.56	0.04	4.68	481
风险投资融资	Venture	20.14%	17.53%	0	84.56%	481
初始研发水平	Rd	5.62%	3.75%	0.03%	27.76%	481
企业规模	Size	1,218,977,021.44	1,265,008,116.06	329,234,336.80	20,491,836,513.77	481
盈利水平	Roe	15.17	6.72	1.93	52.67	481

续表

变量名称	变量符号	均值	标准差	最小值	最大值	样本量
风投参与程度	VCnum	4.62	4.79	1.00	84.00	481
初始专利水平	Patent	59.79	84.01	0.00	1014.00	481

（四）相关性分析

表 7-3 主要变量的皮尔逊相关系数

	Reseach	Technology	Bank	Stock	Venture	Rd	Size	Roe	VCnum	Patent
Reseach	1	0.065	−0.219**	0.360**	0.043	0.737**	−0.062	0.071	−0.019	0.016
Technology	0.065	1	0.182**	−0.119**	0.034	0.062	0.496**	0.077	0.010	0.488**
Bank	−0.219**	0.182**	1	−0.541**	−0.004	−0.153**	0.300**	−0.032	−0.072	0.191**
Stock	0.360**	−0.119**	−0.541**	1	−0.020	0.201**	−0.172**	0.012	0.044	−0.178**
Venture	0.043	0.034	−0.004	−0.020	1	0.022	0.025	−0.031	0.116*	0.094*
Rd	0.737**	0.062	−0.153**	0.201**	0.022	1	−0.113*	0.117*	−0.035	0.008
Size	−0.062	0.496**	0.300**	−0.172**	0.025	−0.113*	1	0.151**	−0.016	0.206**
Roe	0.071	0.077	−0.032	0.012	−0.031	0.117*	0.151**	1	−0.065	0.089
VCnum	−0.019	0.010	−0.072	0.044	0.116*	−0.035	−0.016	−0.065	1	−0.15
Patent	0.016	0.488**	0.191**	−0.178**	0.094*	0.008	0.206**	0.089	−0.010	1

注：** 和 * 表示在 0.01 和 0.05 级别（双尾），相关性显著。

资料来源：SPSS23.0 输出

对主要变量采用皮尔逊系数进行相关性测量，以判断变量间的相关关系，结果如表 7-3 所示。相关系数结果显示，债券融资与企业创新投入在 1% 的显著性水平下显著负相关，股票市场融资与创新投入在 1% 水平下显著正相关，而风险投资融资与企业创新投入呈不显著的正相关关系。

债券融资与创新产出在 1% 的显著性水平下显著正相关，股票市场融资与创新投入在 1% 水平下显著负相关，而风险投资融资与企业创新投入呈不显著的正相关关系。通过对各变量的 Pearson 相关性检验结果发现，自变量之间的相关性系数都较低，因而可判断自变量之间不存在多重共线性问题。

三、模型构建

为了考察风险投资对企业技术创新的影响效应，本研究控制了银行信贷和股票市场融资的影响，在企业层面构建了债权融资、股市股权融资和风险投资融资共同对企业技术创新的影响总模型。该模型较好地比较了风险投资融资与股市股权融资、风险投资融资与债权融资之间的差异，实现了三种融资方式在企业层面的可比性。考虑企业获得融资支持后对技术创新的影响存在时滞效应，技术创新指标采用 t+1 期来衡量，具体计量模型为：

$$Reseach = \alpha_0 + \alpha_1 Bank + \alpha_2 Stock + \alpha_3 Venture + \beta_1 Rd + \beta_2 Size + \beta_3 Roe \\ + \beta_4 Vcnum + \varphi_1 Hitech + \varphi_2 Mfg + \varphi_3 Service + e \tag{1}$$

$$Technology = \alpha_0 + \alpha_1 Bank + \alpha_2 Stock + \alpha_3 Venture + \beta_1 Rd + \beta_2 Size + \beta_3 Roe \\ + \beta_4 Vcnum + \beta_5 patent + \varphi_1 Hitech + \varphi_2 Mfg + \varphi_3 Service + e \tag{2}$$

其中，技术创新投入（Research）是企业上市后第二年研发投入占营业收入的比例，技术创新产出（Technology）是企业上市后第二年内申请的专利总数量。Bank、Stock 和 Venture 分别衡量债权融资、股市股权融资和风险投资融资方式对企业技术创新的融资支持程度。初始专利水平（Patent）、初始研发水平（Rd）、盈利水平（Roe）、企业规模（Size）、风投参与程度（Vcnum）以及行业分类是控制变量，α、β 和 ψ 为估计系数，e 为残差项。

第三节　实证结果

一、对技术创新投入的影响

风投融资对技术创新投入影响模型的回归汇总结果，见表 7-4。

整体上，根据回归检验结果，R^2 接近 0.55 左右，证明回归模型拟合程度较好；并且德宾 – 沃森检验指标都接近 2，均不存在一阶自相关。

表7-4　风投融资对技术创新投入影响的回归结果汇总

	技术创新投入						
	1a	1b	1c	1d	1e	1f	1g
债权融资	-0.00055800***			-0.00006500	-0.00056700***		-0.00006930
股市股权融资		0.02475300		0.02396500		0.02477900	0.02394400
风险投资融资			0.00735400		0.00667900	0.00824900	0.00813600
初始研发水平	1.13472100***	1.08970600***	1.15643200***	1.08904700***	1.13075500***	1.08709600***	1.08629400***
企业规模	0*	0*	0	0*	0*	0*	0*
盈利水平	-0.00026100	-0.00022400	-0.00016600	-0.00023300	-0.00025600	-0.00021500	-0.00022500
风投持股家数	-0.00004130	-0.00005280	0.00001650	-0.00005930	-0.00006460	-0.00007930	-0.00008600
初始专利水平	0.00001750	0.00003010	0.00000251	0.00003080	0.00001590	0.00002820	0.00002890
D-W	2.19130000	2.23740000	2.17470000	2.23880000	2.20830000	2.25130000	2.25280000
F	99.99750000	115.92160000	92.54950000	99.21660000	84.33200000	97.72080000	85.38440000
Prob	0.00010000	0	0	0	0	0	0
R-squared	0.55910000	0.55920000	0.54320000	0.59540000	0.55880000	0.59480000	0.59500000
样本量	481	481	481	481	481	481	481

注：*、**和***分别表示在10%、5%和1%的水平上显著，下同。

资料来源：eviews6.0输出

　　从三类外源融资对专利申请数量影响的回归结果我们可以发现，当只考虑一种融资方式的情况下，债券融资对技术创新投入的影响系数为 -0.000558，且在1%水平下显著，由此说明，债券融资与创新投入呈显著的负相关关系（1a）；股市股权融资对技术创新投入影响系数为0.02475300，但并不显著，说明股市股权融资对技术创新投入的促进作用并不显著（1b）；风险投资融资与技术创新投入也呈不显著的正相关关系（1c）；同时考虑债券融资和股市股权融资的情况下（1d），债券融资对企业技术创新投入呈不显著的负相关关系，股市股权融资与企业技术创新投入之间呈不显著的正相关关系；同时考虑债券融资与风险投资融资的情况下（1e），债券融资与创新投入呈显著的负相关关系，风险投资融资与创新投入呈不显著的正相关关系；同时考虑股市股权融资与风险投资融资的情况下（1f），股市股权融资、风险投资融资均与创新投入呈不显著的正相关关系，说明股市股权融资和风险投资融资能够促进企业的技术创新投入，但这种影响微弱且不显著。同时考虑三种融资方式的情况下（1g），三种外源融资的影响系数为一负两正，且均对创新投入的影响均不显著。假设1没有得到验证。

可能的解释是，由此猜测该结果可能与个体、行业有关，行业异质性是导致风险投资对企业研发投入影响不显著的原因。

二、对技术创新产出的影响

风投融资对技术创新产出影响模型的回归汇总成果，见表7-5。

整体上，根据回归检验结果，R^2接近0.41左右，模型拟合程度较好，说明D-W值接近2.0，模型（2）不存在自相关。

表7-5　风投融资对技术创新产出影响的回归结果

	技术创新产出						
	2a	2b	2c	2d	2e	2f	2g
债权融资	−0.024881			−0.030481	−0.030805		−0.040014
股市股权融资		0.096190		−0.272002		0.041809	−0.442945
风险投资融资			−4.848955		−4.885702	−4.847405	−4.913105
初始研发水平	126.539000***	127.341400***	127.151200***	127.086200***	125.764500***	127.030000***	126.634000***
企业规模	0***	0***	0***	0***	0***	0***	0***
盈利水平	−0.214309	−0.210596	−0.218732	−0.214603	−0.223613	−0.218819	−0.224149
风投持股家数	0.138929	0.142126	0.155724	0.139160	0.151325	0.155559	0.151765
初始专利水平	0.196383***	0.195890***	0.196717***	0.196240***	0.197446***	0.196759***	0.197219***
D-W	1.995700	1.996700	2.009100	1.994300	2.008300	2.009200	2.006100
F	55.882100	55.868000	54.952100	47.799300	47.019200	47.000800	41.057600
Prob	0	0	0	0	0	0	0
R-squared	0.415330	0.415269	0.414362	0.415339	0.414457	0.414362	0.414362
样本量	481	481	481	481	481	481	481

资料来源：eviews6.0输出

从三类外源融资对专利申请数量影响的回归结果我们可以发现，总体上看三种外源融资方式均与创新产出呈负相关关系，但是系数并不显著。其中，当只考虑债权融资方式的情况下（2a），债权融资与创新产出之间存在不显著的负相关关系，这表明债权融资对企业技术创新产出的抑制作用并不显著；当只考虑股市股权融资的情况下（2b），股权融资与技术创新产出数量之间不存在显著的正相关关系，表明股市股权融资并没有显著促进企业的创新产出；当只考虑风险投资融资的情况下（2c），风险投资融资与企业下一年的专利申请数量存在不显著的负相关关系。同时考虑债权融资和股市股权融资方式的情况下（2d），两者都与企业专利申请数量之间呈不显著的负相关关系，表明股市股权融资和债权融资对企业技术创新产出的支持作用并没有完全显现出来；同时考虑债券融资与风险投资融资的情况下（2e）和同时考虑股市股权融资和风险投资融资的情况下（2f），结果都是各种风险投资方式与企业技术创新产出之间呈不显著的负相关关系。在同时考虑三种融资方式的情况下（2g），三种外源融资的系数均为负，但是均不显著，说明三种外源融资对技术创新产出的负向抑制作用并不显著，假设2没有得到验证。

可能的解释是，企业上市后往往更加注重技术向商业化转化，而不是技术研发环节发明专利的申请。此外，以专利申请数量衡量的创新产出较大程度上受来自企业技术发展阶段、行业特征、市场策略、专利策略等因素的影响，因此很难用融资特征及企业自身特征等变量进行充分解释。

上述结果表明，不同融资方式对创新投入和创新产出的影响效果存在差异。

从控制变量来看，初始研发水平和企业规模对企业下一年的研发投入和创新产出均有显著的正向影响；但初始专利水平只对企业下一年的创新产出有显著的正向影响；盈利水平对创新投入和创新产出的抑制作用均不显著；风投持股数量对企业下一年的创新投入呈不显著的负向影响，而对下一年的创新产出呈不显著的正向影响。

三、不同行业对技术创新的影响

将所引用上市公司分为4个总的行业——高科技行业、制造业、服务业、其他行业。对每个行业使用该模型进行实证研究。

对于4个总体行业的研究样本进行回归，结果如表7-6所示。在高科技、制造业中，风险投资对企业创新投入存在显著正向促进作用；在服务业中，风险投资对企业技术创新投入影响存在显著负向作用；在基础行业中，风险投资对于企业技术创新无显著影响。

由此可见，不同行业中，风险投资对企业技术创新的影响方向和显著性存在差异，假设 3 得到验证。可以认为，不同行业中的正向影响和负向影响相互抵消，最终导致风险投资在整体上对技术创新影响不显著，从而从行业视角解释了假设 1 回归的实证结果。

表 7-6　行业异质风险投资对创新投入影响

行业	VC 系数	T 值	控制变量	F 值	调整 R 方	N
高科技	0.032000***	2.788431	Y	16.592400	0.597584	64
制造业	0.007000**	1.657023	Y	59.048900	0.474971	366
服务业	−0.030500***	2.823676	Y	13.328500	0.436986	19
其他行业	0.071900	1.259513	Y	1.586400	0.127851	32

资料来源：eviews6.0 输出

第四节　主要结论与启示

一、主要结论

本章基于深交所 2012—2017 年中小板、创业板上市公司有风险投资背景的企业数据，分析了风险融资多轮融资过程，论证了风险投资参与可以降低企业技术创新的不确定性、提高企业家风险偏好、进而降低企业外部融资约束提高企业技术创新绩效的理论机理。得出以下结论：

1. 风险投资融资对企业创新投入没有显著的影响。可能的解释是，由此猜测该结果可能与个体、行业有关，行业异质性是导致风险投资对企业研发投入影响不显著的原因。

2. 风险投资融资对企业的创新产出并没有显著的影响。可能的解释是企业上市后往往更加注重技术商业化转化，而不是技术研发环节发明专利的申请。此外，以专利申请数量衡量的技术创新产出在较大程度上还受来自企业技术发展阶段、行业特征、市场策略、专利策略等因素的影响，因此很难用融资特征及企业自身特征等变量进行充分解释。

3. 从行业异质性角度出发，发现风险投资对企业技术创新的影响效果具有明显差异：在高科技和制造业行业风险投资对于企业技术创新投入有显著的正向影响作用，在服务业和其他行业中风险投资对于企业技术创新投入影响不显著，验证 H3。可能的解释是，高科技行业和制造业在上市前后注重企业的研发技术和创新水平，而服务业和其他行业更注重企业的服务水平。

二、政策启示

基于上述结论，对于推动中国风险投资市场发展、促进企业技术创新具有重要的政策启示：

1. 政府应当完善相关的法律法规，健全风险投资制度。建议国家有关部门出台相关政策及指导意见，对于风险投资在技术创新方面起到引领和监督作用。特别对发展理念、意识、模式进行教育引导，通过运行及激励机制进行监察，使风险投资机构长期持有企业股份，缓解企业资金压力，引导和帮助企业发展。

2. 积极鼓励风险投资机构加强学习和积累经验，加强风投人才的引进，提高行业素养及透明度，便于企业筛选风投机构，使风险投资机构更好地帮助被投资单位进行技术创新并获得长期效益，实现合作利益最大化，推动产业升级。

3. 对于希望通过引入风险投资来帮助企业技术创新和发展的单位，应综合各方面考察选择适合企业本身的风险投资机构。企业在引入风险投资机构前，应正确识别企业优劣势、外部机遇及威胁，对引入时机、渠道、金额和类别有充分的评估，充分考虑风险投资机构的经验和投资意向的影响，并据此审慎选择风险投资机构，实现企业战略发展目标，最终得到最大效益。

第八章 软件与信息技术服务业上市公司 研发投入对企业绩效的影响

第一节 引言

随着全球经济一体化的加速,我国软件与信息技术服务业目前处于迅速发展的阶段。在这个行业推动商业转型的过程中,怎样才能更好地提升企业绩效,成为政府、企业和学术界共同关心的问题。越来越多的研究和实践证明,企业仅仅依靠生产要素,通过野蛮粗放式的生长无法适应当前发展的趋势。过分依赖价格、成本和资源等竞争方式不能形成真正的核心竞争力,这让企业难以实现长远发展。对软件与信息技术服务业的企业而言,要想真正地实现转型和发展,必须从企业内部更深入地进行思考。企业提升核心竞争力、提升业绩的源泉和动力,要想实现长远发展,根本在于技术创新。因此,提升企业的技术创新能力至关重要,这不仅是国家科技兴企的关键,也是企业生存和发展的基础。在如今日益激烈的竞争环境中,信息技术企业需要不断进行创新活动,以构建企业自身的护城河,提升对抗风险的能力。只有通过技术创新,企业才能够实现差异化竞争,提高产品和服务的附加值,从而更好地满足市场需求,使企业的盈利能力有所提升。同时,推动企业持续发展的重要驱动力也是技术创新,可以帮助企业不断更新和升级产品,满足市场变化和消费者需求的不断变化,保持市场竞争优势。总之,促进企业技术创新能力的提升是信息技术企业进行商业转型、提高企业绩效的关键所在。这需要企业重视科研投入、完善组织机制、培育人才队伍、建立合理的奖惩机制等多方面的支持,以提供坚实的基础和保证。只有通过不断的技术创新和持续的发展,企业才能够在激烈的市场竞争中获得长远的成功。

第二节　文献综述

一、研发投入与企业绩效呈正相关

企业的未来产出会因研发投入的存在而增加，因此它与企业绩效之间呈正相关。如约翰逊 L D(Johnson L D)和帕兹代尔卡（PazderkaB）在研究加拿大股票市场公司自身价值和研发投资的关系时，比较重视研发支出，并将公司的自身预期盈利能力和财务数据进行对比分析，得出了公司的积极投资可以创造显著的市场价值，投资可以合理配置资源的结论。苏巴比拉 C. 阿尔巴拉卡（Subal C.Kumabhakar），拉奎尔·奥尔特如－阿吉尔（Raquel·Ortega–Argile）等将欧洲企业的研发活动作为衡量对象，认为公司进行研发活动有利于其自身的快速发展，通过进行研发活动不但能够增强企业的产品创新能力而且对企业外部吸收能力有所提升。技术含量较高的企业认为其研发投入能够显著提高生产率和效益。陈霞（2017）通过选取创业板上市企业相关数据作为样本进行实证研究，验证了高管激励、研发投入与企业价值之间的关系。研究结果表明，加大研发投入可以有效地提高企业的业绩水平。

二、研发投入对企业绩效的影响存在滞后性

达尔（DAR）和苏吉安尼斯（Sougiannis）在 1996 年，提出公司的研发投资可能对其业务绩效产生重大影响，但是这种影响被延迟了，并且时滞因行业而异。李书锋、杨芸、黄小琳在对我国所有 A 股上市公司进行研究后，发现企业研发投入与企业绩效之间存在显著的正相关关系，且具有一定的滞后效应。企业在前期其研发与绩效之间存在着正相关而且存在着一定的滞后性这一点同样被朱艳华、许敏所证实，她们利用我国中小板、创业板企业为例进行验证。陈一博以192 家上市公司为研究样本，并将其细分为 5 个行业，在财务绩效量化评价指标下，实证研究了研发投入对净资产收益率以及营业利润率的影响。发现在当期并没有显著的影响，而在滞后的 1~2 年会呈现显著的正相关，且时滞也会随行业不同而变化。

三、文献评述

学者们对研发投入和企业绩效之间的相关性进行了大量研究。大多数学者采用实证分析研究后，得出企业研发投入与企业绩效存在正相关关系的结论。有部分学者经研究后得出公司当期研发投入与当期企业绩效存在正向关系，并且这种影响存在明显的滞后效应，或者认为当期研发投入对当期财务指标的影响并不显著，但对企业未来1~2年提升绩效有着显著正向影响。研发是一个循序渐进缓慢的过程，研发投入在短期内不能迅速实现预期收益，新产品从研发到上市可能需要几年甚至更长的时间，由此所带来的经济效益存在滞后性。

第三节　软件和信息技术服务业行业发展现状分析

一、软件与信息技术服务业发展状况

近几年来，我国软件与信息技术服务业发展迅速，技术水平大幅提升，已成为战略性新兴产业的重要组成部分。根据工业和信息化部的数据，在2021年，软件与信息技术服务业发展良好，收入达94994亿元，同比2020年增长16.43%。

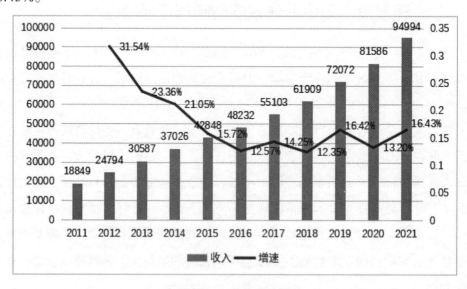

资料来源：工业和信息化部

图 8-1　2011—2021 年软件与信息技术服务业收入及增速

我国软件与信息技术服务业盈利能力稳步提升。2021年，我国软件与信息技术服务业实现利润总额11875亿元，同比增长7.57%。

2013—2021年，我国软件与信息技术服务业研发支出规模稳步增加，如图8-2所示，2013年行业整体研发支出仅2598亿元，到2021年已扩增至10036亿元，年平均增速高达18.47%，说明我国企业逐步开始认识到研发的重要性，主动投入资金开展研发创新活动。

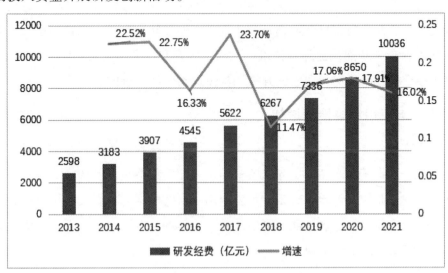

资料来源：工业和信息化部

图8-2　2013—2021年研发支出变化情况

二、软件与信息技术服务业竞争格局

在国际市场上，无论是在市场占有率，还是在技术开发，都是由国外的大公司所控制。在国内市场，由于新兴科技的快速发展，我国的软件与信息技术服务业持续快速成长。在信息技术服务领域，我国的软件与信息技术服务业的企业数量很多，但由于高度市场化并不明显，目前还没有形成很好的市场集中度，所以竞争相当激烈。

三、软件与信息技术服务业发展趋势

伴随着新一代信息技术的迅速发展，世界范围内的软件与信息技术服务业已经开始了技术革新的新一轮提速，而在中国软件与信息技术服务业也将继续得到迅速的发展，并逐步走向成熟。今后，软件与信息技术服务业将可能表现出如下特点：

（一）产业变革持续深化

信息技术产业进入了一个加速创新、快速迭代、群体突破的爆发阶段，并加速向网络化、平台化、服务化、智能化和生态化发展。大数据、移动互联网、物联网、先进计算、高端存储、人工智能等新型创新技术快速融入国家体制并发展。虚拟现实、神经科学等新兴技术的进行深度改造与应用，将对软件的技术架构、计算方式、开发方式等产生深刻影响。产品形式、业务模式，新技术、新产品、新模式与新的商业模式日趋成熟，加快进入"质"转变阶段。以移动互联、大数据等技术平台为基础，加强对技术、产品、内容和服务等核心因素的集成创新，加快业务重构、流程优化和服务升级，从而达到转型发展的目的。

（二）应用场景持续增加

信息技术引发的产业转型，将加速新一代信息技术与各个行业的创新发展和跨界融合，这将使新产品、服务和模式的采用加速创造更多新的商业模式和增长点，加快各行业融合创新、转型升级。应用场景的多样化将引发居民消费、民生服务、社会治理等领域多维度、深层次的变化，催生共享经济、平台经济、算法经济等众多新型网络经济模式。

第四节　理论分析及研究假设

一、关于研发投入与企业绩效的假设

不断增加研发投入的公司，其主要目标之一是实现更高的绩效。研发创新活动领域可以通过各种方式提高公司的业绩，创造更多的价值。研究结果表明，增加研发投入可以有效地提升企业的业绩水平。

众多基于研发投入和企业绩效的研究文献皆指出，企业高质量发展的有效途径是创新，而内源性的创新活动是行业上市公司实现良好回报和长期增长的根本所在。也就是说，在研发环节一旦取得成功就取得了突破性的进展，对大多数的企业来说就是为企业创造了核心的竞争能力，同时也有助于企业提高利润和降低生产管理成本。

通过上述理论分析，本章提出以下假设：

假设1：研发投入对于企业绩效存在显著的正向影响。

资金、技术人员、机械设备等方面的投资，是企业强化研发活动最重要的体现。企业在研发活动中的资金投入越大，研发成功概率就越大，继而也就更容易为企业创造价值；并且专业技术人员将使研发活动开展得更顺畅，更具有专业性。为此，本章通过经费与技术人员投入来验证研发投入是否会影响绩效，针对假设假设 1 进行进一步分析，提出以下假设：

假设 1a：研发投入强度与企业绩效之间存在正向关系。

假设 1b：技术人员占比与企业绩效之间存在正向关系。

二、滞后研发投入对企业绩效的研究与假设

研发投入具有跨期收益的特点，企业可能会在后续发展中从过去的研发活动中受益。并且由李书锋、杨芸、黄小琳的研究证明它们之间存在显著的正相关关系。

由上述学者研究的结论总结得出，过去的研发投入可能需要一定的时间才能体现出其预期的成果，这是因为研发投入具有跨期收益的特点。学者们之前研究过研发投入与企业绩效的关系，发现研发投入对企业绩效的影响存在着滞后效应。从开发新技术，过渡到生产新产品样品，再到最终确定大规模生产的产品需要相当多的时间。企业在 t 期的研发投入不一定会立刻提升绩效，但这些投入可能会在 t+n 期带来显著的收益，即研发活动对企业绩效存在时间滞后的效应。由此，提出以下假设：

假设 2：研发投入对企业绩效具有滞后的效应。

第五节　研发投入对企业绩效的影响的实证设计

一、样本选取和数据来源

本章以软件与信息技术服务业 2017—2021 年在 A 股上市的公司为研究对象，其中研究所需财务数据来源于企业年报、国泰安数据库、中国证监会网站以及国家统计局对比选取，经过如此科学合理的样本筛选，目的在于探究研发投入与企业绩效之间的关系。所有数据都是对比之后计算整理，并使用 Stata18.0 软件进行实证分析。其中，将对初始样本按照以下原则进行筛选：

由于中国证监会对财务或其他情况不寻常的上市公司给予特殊处理，其信息与普通上市公司的信息不同，为确保各变量数据之间的可比性，剔除 *ST、ST、

企业样本量存在异常值和缺失值，以及连续经营不足 5 年的公司。最后剔除被解释变量总资产收益率（ROA）为负的样本公司。在 336 家公司中通过此方法最终选取 91 家公司共 455 个样本。

二、变量选择

（一）被解释变量

企业绩效往往通过财务指标来评估，这些指标主要反映了企业盈利能力、资源配置和报酬率等方面的表现。在参照李书锋、杨芸、黄小琳三人的研究所选方法之后，为了研究解释变量和其他因素对企业绩效的影响，选择了总资产回报率（ROA）作为被解释变量。

（二）解释变量

由于企业在研发方面的投入体现在研发人员的工资费用、直接投入费用、设备投入等多方面，按照较多学者研究采用的指标选取研发投入强度（RDS）作为解释变量之一，在此基础上，本研究还选取第二个解释变量技术人员占比（Tech），从另外一个角度来验证研发投入与企业绩效之间的关系，以便增强检验的可靠性。

（三）控制变量

由于影响企业绩效的因素有很多，参照多篇文献，最终选取企业规模（Size）、企业成长性（Growth）、资本结构（Lev）、高管激励力度（Pay）、总资产周转率（TNT）作为控制变量，表 8-1 中还加入了 OLS 稳健标准误模型，是为了减少遗漏变量对研究结果造成的影响。

表 8-1　企业绩效衡量指标

变量类型	变量名称	变量符号	变量定义
被解释变量	总资产收益率	ROA	净利润／总资产
解释变量	研发投入强度	RDS	企业研发支出／营业收入总额
	技术人员占比	Tech	技术人员总数／总员工人数
控制变量	企业规模	Size	年末总资产的对数
	企业成长性	Growth	（本年总营收－上年总营收）／上年营业总收入
	资本结构	Lev	期末总负债／期末总资产
	高管激励力度	Pay	前 3 名高管薪酬取对数
	总资产周转率	TNT	营业收入／年末总资产

三、构建模型

根据上述假设,构建以下模型:

为了验证假设 1a 和 1b,即研发投入(RDS)对企业当期绩效(ROA)之间的关系。首先,构建了模型(1)—(2)。模型(1)是用来检验研发投入强度(RDS)与企业当期绩效(ROA)的关系,即假设 1a。模型(2)是对技术人员占比(Tech)与企业当期绩效(ROA)关系的检验,即假设 1b。

$$ROA = a_0 + a_1 RDS_{i,t} + a_2 Pay_{i,t} + a_3 Size_{i,t} + a_4 Lev_{i,t} + a_5 Growth_{i,t} + a_6 TNT_{i,t} + \varepsilon i,t \quad (1)$$

$$ROA = a_0 + a_1 Tech_{i,t} + a_2 Pay_{i,t} + a_3 Size_{i,t} + a_4 Lev_{i,t} + a_5 Growth_{i,t} + a_6 TNT_{i,t} + \varepsilon i,t \quad (2)$$

然后,为探究研发投入(RDS)对企业滞后期绩效的影响,提出模型(3),其中,RDS_i,t-n 表示滞后 n 年的研发强度。

$$ROA = a_0 + a_1 RDS_{i,t-n} + a_2 Pay_{i,t} + a_3 Size_{i,t} + a_4 Lev_{i,t} + a_5 Growth_{i,t} + a_6 TNT_{i,t} + \varepsilon i,t \quad (3)$$

第六节 研发投入对企业绩效的影响的实证结果与分析

一、描述性统计

所选变量的描述性统计如表 8-2 所示,共研究 445 个样本数据量。

从研究的被解释变量可以看出:整个企业样本中代表企业绩效的总资产收益率(ROA)均值为 0.05420、标准差为 0.03320、最小值为 0.003590、最大值为 0.28900,最小值最大值的值差距较大这表明不同企业之间存在较大差异的盈利能力。

从所选取的解释变量来进行描述性分析:研发投入强度(RDS)的均值为 12.48000、标准差 7.36400、最小值 1.66000、最大值 48.48000,且根据标准差值 7.36400 可以看出,企业对于研发投入的重视程度有较大不同,表明仍有不少企业对研发环节的重视程度不足。技术人员占比(Tech)均值为 41.48000,标准差为 19.22000,最小值为 6.71000,最大值为 94.49000,由上述结果中的标准差值 19.22000 可以看出，行业各个企业在技术人员的引进方面也存在着很大差异，这可能与企业目前所处的不同研发领域有关。

从研究的控制变量可以看出，企业规模（Size）均值 21.75000、标准差 0.97700、最小值 20.10000、最大值 28.01000，由这组数据可以看出企业规模的差距并不是很大。企业成长性（Growth）均值 0.18100、标准差 0.31100、最小值 –0.50400、最大值 3.84100，最小值为负数说明有企业的营业收入增长率为负应充分重视。资本结构（Lev）均值 0.33800、标准差 0.14500、最小值 0.03240、最大值 0.77000，从结果可以看出不同企业资本结构（Lev）之间存在着不小的差异，部分企业可能存在一定程度的财务风险。高管激励力度（Pay）均值 14.08000、标准差 3.30400、最小值 –1.64300、最大值 16.47000，可以看出各公司对这方面的重视程度存在较大差异。总资产周转率（TNT）均值 0.54000、标准差 0.23900、最小值 0.10700、最大值 2.09900，各公司在本区域也是有一定差距，表明企业的销售能力存在差异，资产投资效益也各不相同。

表 8-2　各变量的描述性统计

VARIABLES	（1） N	（2） mean	（3） sd	（4） min	（5） max
ROA	455	0.05420	0.03320	0.00359	0.28900
RDS	455	12.48000	7.36400	1.66000	48.48000
Tech	455	41.38000	19.22000	6.71000	94.49000
Size	455	21.75000	0.97700	20.1000	28.01000
Growth	455	0.18100	0.31100	−0.50400	3.84100
Lev	455	0.33800	0.14500	0.03240	0.77000
Pay	455	14.08000	3.30400	−1.64300	16.47000
TNT	455	0.54000	0.23900	0.10700	2.09900

二、相关性分析

表 8-3 为各变量之间相关性分析，企业研发投入强度（RDS）与企业绩效（ROA）在 1% 的水平上显著为正，相关系数为 0.162，与上述假设 H1a 相对应，初步证明研发投入强度（RDS）对总资产收益率（ROA）有正相关关系。

表 8-3　各变量的相关性分析

	ROA	RDS	Tech	Size	Growth	Lev	Pay	TNT
ROA	1							
RDS	0.1620***	1						
Tech	0.0660	0.4050***	1					
Size	−0.0240	0.0170	0.0430	1				
Growth	0.4300***	−0.0630	−0.0100	0.0800*	1			

续表

	ROA	RDS	Tech	Size	Growth	Lev	Pay	TNT
Lev	−0.2150***	−0.3270***	−0.1600***	0.3480***	0.1160**	1		
Pay	−0.0310	0.0020	0.0860*	0.2520***	−0.0560	−0.0100	1	
TNT	0.0940**	−0.3950***	−0.1960***	0.0160	0.2030***	0.4180***	0.0030	1

注：*、**、***分别表示在10%、5%、1%显著水平下显著

三、多重共线性检验

为检验所选样本数据是否存在多重共线性，故采用方差膨胀因子（VIF）进行测算，理论上 VIF 的值越大，多重共线性越强，当 VIF 大于 10 时，说明模型存在严重的共线性问题，就需要对模型进行相应处理，VIF 小于 5 则说明多重共线性不强，可不做特殊处理。VIF 的倒数就是容差值，也可以作为判断标准，容差值大于 0.2 则说明没有多重共线性。本研究所涉及变量的 VIF 值均小于 10 且接近 1、1/VIF 均大于 0.2，说明主要变量之间没有出现明显的多重共线问题，所选变量适合进行回归分析。

表 8-4　多重共线性检验

Variable	VIF	1/VIF
Lev	1.51	0.664186
RDS	1.42	0.702936
TNT	1.4	0.714511
Size	1.29	0.776135
Tech	1.21	0.825499
Pay	1.10	0.909662
Growth	1.06	0.945756
Mean VIF	1.28	

四、异方差检验

本研究采取的是大多数研究采用的 White 检验，由表 8-5 可以看到值是0.125，大于 0.05 接受原假设，表示数据之间不存在异方差。

表 8-5　White 检验结果

Source	chi2	df	p
Heteroskedasticity	44.7600	35	0.1250
Skewness	9.7800	7	0.2014
Kurtosis	1.9200	1	0.1660
Total	56.4500	43	0.0819

五、多元回归分析

多元回归分析结果如表 8-6 所示，为了使模型显著性结果更稳健，本章选择 OLS 稳健标准误模型，得到以下结果：

关于解释变量和被解释变量的相关性，可以看到研发投入强度（RDS）对于企业绩效（ROA）的回归系数为 0.001，且在 1% 的水平上显著呈正相关关系，检验了 H1a 假设，也就是说明，如果一个公司在研发环节的投资越多，其可能给公司带来的价值就会越多。技术人员占比（Tech）与（ROA）之间不呈现显著性相关，未检验 H1b 假设。这可能意味着技术人员占比（Tech）多可能并不会给企业带来更多的价值。导致结果中技术人员占比（Tech）与（ROA）之间的回归系数不显著的原因可能是本研究选取的样本量相对较少。

从控制变量与被解释变量的相关性来看，企业规模（Size）对于总资产回报率（ROA）没有显著的正相关或负相关关系，但这并不表明企业规模不是适合控制企业绩效的变量，企业绩效不仅包括当前的绩效，也包括未来的绩效，对未来绩效的影响，目前企业规模对企业绩效的影响并不显著也较正常，可能的原因是目前软件与信息技术服务业上市公司的规模并不能影响企业绩效。企业成长性（Growth）对企业绩效而言在 1% 呈正相关关系，这表明本研究的控制变量确实与企业绩效之间存在着较强的联系。回归还发现在本研究所建立的模型中资本结构（Lev）与总资产收益率（ROA）之间存在显著负相关关系，这可能是由于创业板"募资率高"的现象造成的。创业板的集中审查和发行制度，导致了创业板的过度提款，这将不可避免地产生大量的闲置资金，导致公司债务的下降。高管激励力度（Pay）对总资产收益率（ROA）的回归系数无明显显著，说明从目前来看，高管激励力度无法明显对企业绩效起到积极影响。总资产周转率（TNT）与总资产收益率（ROA）在 1% 的水平上显著呈正相关关系，即企业发展前景越好，企业绩效越高。

表 8-6　OLS 稳健标准误模型回归分析结果

	1		2
VARIABLES	ROA	VARIABLES	ROA
RDS	0.001***	Tech	0.000
	2.870		0.990
Size	0.002	Size	0.002
	1.180		1.540

续表

Growth	0.046*** 8.830	Growth	0.046*** 8.880
Lev	−0.071*** −6.320	Lev	−0.079*** −7.770
Pay	−0.000 −0.540	Pay	−0.000 −0.730
TNT	0.028*** 3.750	TNT	0.022*** 2.990
Constant	0.012 0.400	Constant	0.013 0.460
Observations	455	Observations	455
R−squared	0.297	R−squared	0.277
F test	0	F test	0
r2_a	0.288	r2_a	0.268
F	20.660	F	17.470

注：*、**、***分别表示在 10%、5%、1% 显著水平下显著

六、滞后结果分析

为了进一步检验研发投入强度对企业绩效之间是否存在滞后效应，本研究进行了三期的滞后性检验，验证的结果在表 8-7 中展现。可以看出滞后一期的研发投入强度（RDS）与总资产收益率（ROA）在 5% 的水平上通过了显著性检验的回归系数为 0.001，滞后二、三期的研发投入强度（RDS）与所选企业绩效总资产收益率（ROA）在 1% 的水平上通过了显著性检验，且回归系数为 0.001。说明研发投入强度与企业绩效之间存在显著相关关系，假设 H2 得到验证。也就是说所验证的滞后一、二、三期研发投入强度的变化会一直对绩效产生显著影响，给企业带来递延收益。

表 8-7　滞后性检验的结果分析

	（3.1）		（3.2）		（3.3）
VARIABLES	ROA	VARIABLES	ROA	VARIABLES	ROA
L.RDS	0.001** （2.450）	L2.RDS	0.001*** （2.760）	L3.RDS	0.001*** （3.240）
Size	0.002 （1.510）	Size	0.002 （1.180）	Size	0.004* （1.680）
Growth	0.047*** （8.580）	Growth	0.048*** （8.220）	Growth	0.018 （1.180）
Lev	−0.066*** （−8.050）	Lev	−0.064*** （−4.300）	Lev	−0.061*** （−3.530）

续表

Pay	−0.000 (−0.530)	Pay	−0.000 (−0.450)	Pay	−0.001 (−0.860)
TNT	0.027*** (3.130)	TNT	0.029*** (2.770)	TNT	0.037*** (3.420)
Constant	−0.007 (−0.200)	Constant	−0.006 (−0.150)	Constant	−0.037 (−0.830)
Observations	364	Observations	273	Observations	182
R−squared	0.324	R−squared	0.351	R−squared	0.221
F test	0	F test	0	F test	8.95e−09
r2_a	0.313	r2_a	0.337	r2_a	0.194
F	19.080	F	17.270	F	9.413

注：*、**、*** 分别表示在 10%、5%、1% 显著水平下显著

七、稳健性检验

为了验证上述结论更具有可行度，本章采取替换变量的方式，将前文的财务指标总资产收益率（ROA）换为托宾 Q 值代替作为企业绩效的指标，托宾 Q 值也是由国泰安数据库计算得出（计算公式为：市值 A/ 资产总计），经处理在原本的基础上剔除了 2 家企业，得到 89 家企业的 445 个样本，对上述提出的模型再次进行回归分析，检验结论是否稳健。回归结果显示，可以看出托宾 Q 值作为被解释变量之后结果与前面所做检验的结果得出的结论基本一致。因此，稳健性检验结果与前文的结果未出现显著差异，表明本研究实证结果具有较好的稳健性。

表 8-8　稳健性检验

TobinQ	Coef.	St.Err.	t−value	p−value	95% Conf	Interval	Sig
RDS	0.087	0.013	6.570	0.000	0.061	0.113	***
Size	−0.115	0.067	−1.730	0.085	−0.247	0.016	*
Growth	0.316	0.255	1.240	0.216	−0.185	0.817	
Lev	0.139	0.51	0.270	0.785	−0.864	1.143	
Pay	0.176	0.136	1.300	0.194	−0.09	0.443	
TNT	1.033	0.329	3.140	0.002	0.387	1.680	***
Constant	0.761	2.005	0.380	0.705	−3.179	4.701	
Mean dependent var		2.600		SD dependent var		1.406	
R−squared		0.195		Number of obs		445	
F−test		12.202		Prob > F		0.000	
Akaike crit.（AIC）		1482.530		Bayesian crit.（BIC）		1511.217	

注：*、**、*** 分别表示在 10%、5%、1% 显著水平下显著

第七节 结论与建议

一、研究结论

本章主要通过理论分析和实证研究，探讨了我国软件与信息技术服务业上市公司的研发投入与企业绩效之间的关系，基于 2017—2021 年度软件与信息技术服务业 A 股的相关数据进行实证研究，并得出了以下结论：首先，研发投入对企业绩效具有积极影响，也具有滞后效应，随着时间的推移，研发投入对企业绩效的一直存在正向影响。其次，即研发投入强度的增加会促进企业绩效的提升，而积极的企业绩效也能够支持更多的研发投入，充分验证了假设 1a 和假设 2。但研究技术人员占比与企业的当期绩效之间存在正向关系以及部分控制变量对企业绩效的影响未通过假设验证。

虽然本章对软件与信息技术服务业上市公司的研发投入和企业绩效进行了深入的探讨，但是还有一些不足之处。例如，样本数据的局限性可能会影响研究结论的普适性，未来的研究可以考虑扩大样本范围。此外，本章没有考虑到宏观经济因素对研发投入和企业绩效的影响，未来的研究也可以加入宏观角度的分析。

二、对策建议

（一）增大研发投入

科技创新和技术进步是推动国家经济增长的重要力量，同时也是企业在市场竞争中获胜的关键因素。为实现高质量发展，我国软件与信息技术服务业上市公司应该加强创新意识，注重研发创新活动，并合理提高研发投入。在激烈的市场竞争环境下，只有通过增加研发投入实现创新发展，才能使企业始终保持竞争优势。同时，在进行研发投入时，企业也应该根据实际情况进行科学规划，避免资源浪费和过度投资。通过合理的研发投入，软件与信息技术服务业上市公司可以持续推进研发活动，提升自身竞争力，从而在市场竞争中立于不败之地。

（二）增加技术人员占比

有必要合理增加公司层面的研发投入，并提供更详细的研发支出信息。企业内部应精简优化人员，招募更多的核心技术人员。具有技术能力的研发人员是软件和信息技术服务业所缺乏的人才。行业的人才培养机制还有待进一步完善，使企业能够拥有一支技术过硬、数量充足的研发人员队伍，有效地开展研发活动。

（三）扩大企业规模

企业发展壮大，首先要做的就是扩大生产规模。企业扩大生产规模主要分为两个方面：一是提升企业生产工艺水平和工艺改进。二是增强企业的核心竞争力。就是企业利用固定资产进行扩产投资时需要注意投资总额以及投资结构等要素，提高企业核心竞争力。

（四）合理利用资本

由分析结果得出资本结构对企业绩效存在负相关关系，可能是创业板的"募资率高"导致。上市公司应将超募资金用于与主营业务相关的领域，提升企业核心竞争力，促进实体经济发展，为企业和投资者带来良好的投资回报。将资源配置到优质产业中，通过发展主业来提高企业的核心竞争力，为社会创造更多的价值，可以提供更多的就业岗位，提高全社会资源的利用效率，形成资金的良性循环。此外，募集资金使用相关规则也有优化空间。注册制下，务必加强对超募资金的相关管理工作。有市场人士建议，把超募资金的使用应与上市公司再融资挂钩，没有使用完毕募集资金的上市公司不宜进行再融资。并且应该对超募资金使用中出现严重问题的上市公司再融资进行相关限制。

（五）提高企业内部效率

企业还需要提高其内部管理的效率，以确保其研发绩效的成功。研发绩效的成功率对企业的未来发展至关重要，相对于效率较低的企业，效率较高的企业和处于效率前沿的企业更会吸引研发投资的兴趣。

第九章 医药类上市公司研发投入对企业绩效的影响分析

第一节 我国医药类上市公司现状分析

一、医药类上市公司经营情况

表 9-1 2018-2020 医药业情况

	2018 年	2019 年	2020 年
企业个数（个）	7581	7392	8170
从业人数（万人）	207.50	199.63	214
资产总计（亿元）	32913.10	33981.45	38010.09
产品销售收入（亿元）	24264.70	23884.16	25053.57
利润总额（亿元）	3094.20	3184.24	3693.40

数据来源：国泰安数据库

医疗医药产业是国家重点发展的战略性新兴产业，从近年一系列改革措施与政策来看，未来企业竞争核心将会体现在研发能力和药品创新水平上。对此，国内医药企业也在不断加大研发创新投入，但新药研发周期长、投入成本高，使绝大部分医药企业面临资金压力，因此对融资有着迫切需求。

从表 9-1 所示，可以看出，医药企业资金总计从 2018 年的 32913.1 亿元增长到 2020 年 38010.09 亿元，一直处于增长的趋势，医药企业发展趋势呈现向上的趋势，说明医药行业的发展越来越好。医药行业发展得越好，对未来百姓的生活越有好处。

利润总额从 2018 年的 3094.2 亿元增加的 2020 年 3693.3 亿元，处于上升趋势。在 2020 年利润总额达到了三年的最大值。其原因是新冠疫情暴发，伴有发热、咳嗽等症状，人们争相购买能够治疗以上症状的药品，使利润呈现上升趋势。

二、医药类上市公司研发投入现状

表 9-2 研发投入情况

年份	研发投入金额（万元）	研发金额投入强度（%）
2018	8042.142	3.27%
2019	9319.452	3.47%
2020	11453.273	3.51%

数据来源：国泰安数据库、企业年报

通过表 9-2 可以看出医药类上市公司研发投入金额发展趋势，在 2018—2020 年，可以看出研发金额投入强度和研发人员投入强度呈现上升的趋势，且属于逐年递增的趋势。表明研发投入对企业存在必要性。研发金额投入强度在 2019 年以后呈现大幅度上升，说明医药上市公司对研发项目是越来越重视。

第二节 医药类上市公司企业绩效

一、绩效的选取

对企业绩效来讲，一般包含盈利能力、经营能力、偿债能力以及成长能力。本研究主要选取的数据来源于上海证券交易所和深圳证券交易所中所包含的医药类上市公司，选取其中医药类上市公司中存在研发投入的企业下载年报，查找数据，再在国泰安数据库中下载关于绩效的相关数据。

关于医药类上市公司企业绩效的数据选取主要包含总资产净利润率、净资产收益率、营业利润率、营业收入增长率、营业成本率、资产报酬率、速动比率、流动比率、资产负债率、应收账款周转率、存货周转率等。其中总资产净利润率、净资产收益率、营业利润率、营业成本率、资产报酬隶属于盈利能力，营业收入增长率属于发展能力，流动比率、资产负债率、现金比率、速动比率属于偿债能力，应收账款周转率、存货周转率属于经营能力。

二、主成分分析法

对 100 家上市公司数据进行整理，利用 SPSS 软件进行主成分因子分析法，对上述所选取的相关数据进行数据的规整。根据最终主成分因子法所得的数据，选取最终的企业绩效。

表 9-3 KMO 和巴特利检验

KMO 和巴特利特检验		
KMO 取样适切性量数		0.708
巴特利特球形度检验	近似卡方	6967.310
	自由度	120.000
	显著性	0

数据来源：利用 SPSS 分析

从表 9-3 可以看出，KMO 值 =0.708 > 0.5、巴特利特球形检验 p=0.000，通过了显著性水平检验，适合做因子分析。

表 9-4 总方差解释

成分	初始特征值			提取载荷平方和		
	总计	方差百分比	累积 %	总计	方差百分比	累积 %
1	5.490	34.398	34.398	5.490	34.398	34.398
2	3.203	20.035	54.433	3.203	20.035	54.433
3	1.253	7.830	62.623	1.253	7.830	62.623
4	1.080	6.779	69.042	1.080	6.779	69.042
5	1.033	6.463	75.505	1.033	6.463	75.505
6	0.963	6.017	81.387			
7	0.851	5.316	86.703			
8	0.816	5.097	91.801			
9	0.471	2.945	94.745			
10	0.420	2.624	97.369			
11	0.199	1.245	98.614			
12	0.136	0.849	99.463			
13	0.036	0.227	99.690			
14	0.026	0.160	99.850			
15	0.019	0.119	99.970			
16	0.005	0.030	100.000			

数据来源：利用 SPSS 分析

表 9-4 采取主成分分析法，提取到 5 个因子，方差贡献率代表某一因子对全部指标的解释力度，如表 9-5 所示，特征值大于 1 的有 5 个，这 5 个因子累积方差贡献率为 75.505%，由于数据存在负数，所以最终累计值接近于 80%，因此，本研究将用这 5 个因子来代替 16 个财务指标，这 5 个因子特征值分别是 5.490、3.203、1.253、1.080、1.033。这 5 个因子最终累计值分别用 Y1、Y2、Y3、Y4、Y5 表示。接下来采用最大方差法对因子载荷矩阵进行旋转，以得到五个主成分中各指标具体贡献率，更好地解释公因子。经过旋转后，旋转成分矩阵如表 9-5 所示。

表 9-5　绩效的成分矩阵

	盈利能力因子 Y_1	盈利能力因子 Y_2	发展能力因子 Y_3	经营能力因子 Y_4	偿债能力因子 Y_5
流动比率 X_1	−0.044	0.058	0.408	−0.031	0.049
速动比率 X_2	−0.044	0.026	0.372	−0.017	0.065
资产负债率 X_3	0.001	0.089	−0.227	0.110	−0.017
应收账款周转率 X_4	−0.065	0.249	0.371	0.067	−0.007
存货周转率 X_5	−0.081	0.067	0.028	0.767	0.138
流动资产周转率 X_6	0.026	0.324	0.064	−0.066	−0.134
总资产周转率 X_7	0.009	0.451	0.216	−0.054	−0.038
资产报酬率 X_8	0.175	0.024	0.023	0.036	−0.181
总资产净利润率 X_9	0.177	0.008	0.033	0.019	−0.150
净资产收益率 X_{10}	0.196	0.038	−0.025	0.027	−0.118
营业成本率 X_{11}	−0.042	0.352	0.102	0.129	0.237
营业利润率 X_{12}	0.160	−0.129	−0.046	0.085	−0.043
总资产增长率 X_{13}	0.039	−0.071	−0.072	0.486	−0.127
营业总收入增长率 X_{14}	−0.008	0.022	0.031	0.056	0.723
净资产收益率增长率 X_{15}	0.212	0.023	−0.094	−0.148	0.294
基于每股收益增长率 X_{16}	0.205	0.033	−0.078	−0.152	0.330

数据来源：利用 SPSS 分析

为了实现构建公司绩效指数的目标，研究过程中将标准化后的数据回归化，可以确定 2018 年至 2021 年 100 家医药类上市公司的 5 个主因子测度下的综合得分。根据表 9-5 可以得出一个公式：

$Y_1 = -0.044*X_1 - 0.044*X_2 + 0.001*X_3 - 0.065*X_4 - 0.081*X_5 + 0.026*X_6 + 0.009*X_7 + 0.175*X_8 + 0.177*X_9 + 0.196*X_{10} - 0.042*X_{11} + 0.16*X_{12} + 0.039*X_{13} - 0.008*X_{14} + 0.212*X_{15} + 0.205*X_{16}$

$Y_2 = 0.058*X_1 + 0.026*X_2 + 0.089*X_3 + 0.249*X_4 + 0.067*X_5 + 0.324*X_6 + 0.451*X_7 + 0.024*X_8 + 0.008*X_9 + 0.038*X_{10} + 0.352*X_{11} - 0.129*X_{12} - 0.071*X_{13} + 0.022*X_{14} + 0.023*X_{15} + 0.033*X_{16}$

$Y_3 = 0.408*X_1 + 0.372*X_2 - 0.227*X_3 + 0.371*X_4 + 0.028*X_5 + 0.064*X_6 + 0.216*X_7 + 0.023*X_8 + 0.033*X_9 - 0.025*X_{10} + 0.102*X_{11} - 0.046*X_{12} - 0.072*X_{13} + 0.031*X_{14} - 0.094*X_{15} - 0.078*X_{16}$

$Y_4 = -0.031*X_1 - 0.017*X_2 + 0.110*X_3 + 0.067*X_4 + 0.767*X_5 - 0.066*X_6 - 0.054*X_7 + 0.036*X_8 + 0.019*X_9 + 0.027*X_{10} + 0.129*X_{11} + 0.085*X_{12} + 0.486*X_{13} + 0.056*X_{14} - 0.148*X_{15} - 0.152*X_{16}$

$$Y_5 = 0.049 * X_1 + 0.065 * X_2 - 0.017 * X_3 - 0.007 * X_4 + 0.138 * X_5 - 0.134 * X_6 - 0.038 * X_7 - 0.181 * X_8 - 0.150 * X_9 - 0.118 * X_{10} + 0.237 * X_{11} - 0.043 * X_{12} - 0.127 * X_{13} + 0.723 * X_{14} + 0.294 * X_{15} + 0.330 X_{16}$$

Y_1、Y_2 表示盈利能力因子，Y_3 表示发展能力因子、Y_4 表示经营能力因子、Y_5 表示偿债能力因子。根据公式得到最终的 Y_1、Y_2、Y_3、Y_4、Y_5 五个因子数、根据五个因子方差累计值，计算综合指标 Y。五个主成分的方差贡献值分别为 34.398%、20.035%、7.83%、6.779%、6.463%，累积方差贡献值为 75.505%。最终得到企业绩效 Y 值。

$$Y = (34.398\% * Y_1 + 20.035\% * Y_2 + 7.83\% * Y_3 + 6.779\% * Y_4 + 6.463\% * Y_5) / 75.505\%$$

第三节 研究设计

一、样本选取与数据来源

选取沪深两大证券交易所所包含的医药类上市公司，发现上海证券交易所有 139 家医药类公司，深圳证券交易所有 12 家医药类上市公司，共 151 家。剔除 ST 公司、不存在研发投入情况、最新上市、数据不全的数据后，余下 100 家公司，选取 2018—2020 年数据，进行数据分析。主要选取了沪深两大证券交易所中上市公司医药类企业的研发投入情况、企业绩效、企业规模、企业上市年份等数据作为依据，来进行对数据的规整。

（一）剔除带有 ST 和 *ST 的上市公司

带有 ST 和 *ST 的企业表示企业发生过财务危机或连年亏损或将处于退市的企业，本章所研究的是研发投入企业绩效的影响分析，这类企业的企业绩效并不良好，其研发投入也不具有普遍性，故将这类企业剔除，不予使用。

（二）剔除2018—2020 年中医药类上市公司中不存在研发投入情况、最新上市以及数据不全

公司数据中不存在研发投入、选取的数据不全、最新上市的公司对本章的研究来说，没有意义的，本章的主要研究就是研发投入对企业绩效的影响分析。

二、变量选取

本章研究的是研发投入对企业绩效的影响分析。解释变量也就是自变量，即研发投入，被解释变量是企业绩效。除了要有解释变量和被解释变量，还要存在控制变量，控制变量的存在是为了验证被解释变量。本章将算出的综合指标作为企业绩效，选取研发金额投入强度作为研发投入。控制变量的选取，根据阅读的大量文献了解到，除了存在内部影响，外部因素也会影响到绩效，最终定为企业规模、上市年限。

数据指标如下：

表 9-6 变量汇总表

变量选取			
变量类型	变量名称	变量定义	符号
解释变量	研发金额投入强度	研发投入金额 / 营业收入	RDI
被解释变量	企业绩效	利用主成分因子得到	Y
控制变量	上市年限	LN 上市年限	AGE
	企业规模	LN 总资产	SIZE

资料来源：国泰安数据库

三、模型假设

根据前辈们的研究结论，研发投入对企业绩效不是存在正向相关性，就是存在负向相关性，因此我们提出假设 1：

假设 1：研发投入对企业绩效存在正向相关性。

根据前辈们的研究结论，可以发现研发投入是一项长期发展的项目，对企业绩效来说，具有滞后性。根据文献的阅读，了解到有的研发投入对企业绩效在滞后一期存在正向相关性，有的在滞后二期才体现正向相关性，因此提出假设 2：

假设 2：研发投入对企业绩效存在滞后性。

根据两个假设我们建立模型，模型为：

$$Y = \beta_1 + \beta_2 \times RDI + \beta_3 \times AGE + \beta_4 \times SIZE + \alpha$$

四、实证分析

本章主要研究的是研发投入对企业绩效的影响，包含描述性分析、相关性分析和多元回归分析。为了更好地探索医药企业研发投入与企业绩效之间的关系，本章先采用描述性统计分析方法对相关指标进行描述分析，在了解我国现阶段医药类上市公司情况的基础上，进行相关分析和回归分析，以期能够更加深入地探究研发投入与企业绩效之间的关系。

（一）描述性分析

进行描述性分析。因为本章是研发投入对企业绩效的影响分析，主要是对企业研发投入进行一个描述性分析，首先是对研发投入金额占比进行一个描述性分析，然后进行后续的相关性分析和多元回归线性分析。

表9-7　研发投入金额占比统计

年份	平均值	中位数	最大值	最小值	标准差
2018	3.67%	3.27%	15.33%	0.01%	2.89%
2019	4.10%	3.47%	16.73%	0.01%	3.35%
2020	4.58%	3.51%	28.80%	0.01%	4.25%

数据来源：国泰安数据库、企业年报

表9-7是对研发投入进行描述性统计分析，结果显示医药上市企业研发金额投入强度存在较大的个体差异，差异变化最大主要体现在2020年，研发金额投入强度最小的企业是英特集团（证券代码：000411），最小值的强度为0.01%；研发投入金额占比数最大的企业是景峰医药（证券代码：000908），投入强度为28.80%。最大值与最小值之间相差28.79%。差异变化最小主要体现在2018年，研发金额投入强度最小的企业是英特集团（证券代码：000411），最小值的强度为0.01%；研发金额投入最大的企业是恒瑞医药（证券代码：600276）投入强度为15.33%。最大值与最小值之间相差15.32%。存在这种差异化的原因是因为企业每年对研发投入金额数不同。根据上述描述性统计，本章所研究的研发金额投入强度在2018—2020年这三年中，呈现上升的趋势，意味着医药企业研发投入金额每年在逐渐增多。

表9-8　研发投入统计

	年份	2018	2019	2020
AGE	最小值	0	0	0.693
	最大值	3.258	3.296	3.332
	平均值	2.320	2.476	2.597
	标准差	1.086	0.897	0.769
	中位数	2.890	2.944	2.996
SIZE	最小值	20.203	20.146	20.176
	最大值	25.567	25.643	25.728
	平均值	22.469	22.537	22.628
	标准差	1.097	1.103	1.101
	中位数	22.385	22.417	22.543

数据来源：国泰安数据库

表 9-8 可以反映出其他变量的描述性分析，AGE 也就是企业上市年限。2018—2020 年，其最大值和最小值存在较大的差异，AGE 在 2018 和 2019 年最小值为 0，说明企业上市年份是 2018 年。SIZE 也就是企业规模，企业规模主要使用的数据是总资产的对数，数据比较稳定，2018—2020 年最大值与最小值存在差异，差异值基本保持在 5 左右，平均值也基本相同，说明 2018—2020 年企业总资产没有很大幅度的增长，发展比较稳定。

（二）相关性分析

表 9-9　研发投入对企业绩效的相关性分析

	Y2018	Y2019	Y2020
RDI2018	−0.019	0.006	0.256**
RDI2019	−0.018	−0.011	−0.101
RDI2020	0.256**	−0.017	−0.096

注：*p<0.05 **p<0.01 ***p<0.001

根据 Pearson 相关性分析，可以看出当期研发投入对当期企业绩效不具有相关性，研发金额投入强度对企业绩效在滞后一期也没有显著的相关性，研发金额投入强度对企业绩效在滞后二期具有正向相关性，在 0.01 级别相关性显著。

表 9-10　研发投入对企业绩效的滞后二期相关性分析

滞后二期相关性		RDI	SIZE	AGE	Y
RDI	皮尔逊相关性	1	0.009	−0.186**	0.256**
	Sig.（双尾）		0.880	0.001	0
SIZE	皮尔逊相关性	0.009	1	0.519**	−0.002
	Sig.（双尾）	0.880		0	0.970
AGE	皮尔逊相关性	−0.186**	0.519**	1	0.029
	Sig.（双尾）	0.001	0		0.617
Y	皮尔逊相关性	0.256**	−0.002	0.029	1
	Sig.（双尾）	0	0.970	0.617	

注：** 在 0.01 级别（双尾）相关性显著

根据表 9-9，研发金额投入强度对企业绩效滞后二期存在正向关系，对解释变量、被解释变量、控制变量进行相关性分析。由表 9-10 可以看出研发金额投入强度对企业绩效滞后二期存在相关性，呈现正数，说明是正向相关，在 0.01 级别，相关性显著。

（三）多元线性回归分析

根据相关性分析，可以得出结果研发金额投入对企业绩效存在正向相关性，具有一定的滞后性，根据其相关性的分析结果，我们可以对该模型进行一个多元线性回归分析。

表 9-11 当期线性回归分析结果

	非标准化系数		标准化系数	t	p	VIF
	B	标准误	Beta			
常数	0.937	11.180	–	0.084	0.933	–
RDI	−11.427	14.180	−0.042	−0.806	0.421	1.057
AGE	−0.582	0.677	−0.051	−0.859	0.391	1.410
SIZE	0.141	0.528	0.016	0.267	0.790	1.346
因变量：Y		R^2	0.003			
DW 值：2.021		调整 R^2	−0.005			
		F	$F_{(3,396)}=0.387,p=0.763$			

数据来源：SPSSAU 分析

将当期研发金额投入强度对当期企业绩效进行回归分析，模型公式为：$Y=0.937-11.427*RDI-0.582*AGE+0.141*SIZE$，模型 R 方值为 0.003，意味着 RDI、AGE、SIZE 可以解释 Y 的 0.3% 变化原因，对模型进行多重共线性检验，发现数据变量 VIF 值处于 1~2 之间，多重共线性较弱。DW 值为 2.021，相对来说比较好了，但是对该回归来说，R 方值过小，没有相关性。对模型进行 F 检验时发现模型并没有通过 F 检验（F=0.387，p=0.763>0.05），也即说明 RDI、AGE、SIZE 并不会对 Y 产生影响关系，因而不能具体分析自变量对于因变量的影响关系，当期研发金额投入强度对当期企业绩效没有影响关系。

表 9-12 滞后一期回归分析结果

	非标准化系数		标准化系数	t	p	VIF
	B	标准误	Beta			
常数	0.003	7.407	–	0	1	–
AGE	−0.159	0.521	−0.037	−0.306	0.760	1.399
SIZE	0.112	0.351	0.037	0.319	0.750	1.297
RDI	−10.720	10.553	−0.108	−1.016	0.312	1.090
因变量：Y		R^2	0.011			
DW 值：2.184		调整 R^2	−0.019			
		F	F=0.371,p=0.774			

数据来源：利用 SPSSAU 分析

研发投入对企业绩效的影响存在滞后性，滞后一期选取企业绩效值为 2019 年综合指标，研发金额投入强度为 2018 年数据，其他变量均为 2019 年数据，进

行研发金额投入强度对企业绩效的滞后一期回归分析。模型公式为：Y=0.003-
0.159*AGE + 0.112*SIZE-10.726*RDI，模型 R 方值为 0.011，意味着 AGE、
SIZE、RDI 可以解释 Y 的 1.1% 变化原因，对模型进行多重共线性检验，发现
数据变量 VIF 值处于 1~2 之间，多重共线性较弱。DW 值为 2.184，相对来说比
较好了，但是对该回归来说，R 方值过小，没有相关性。对模型进行 F 检验时发
现模型并没有通过 F 检验（F=0.371，p=0.774>0.05），也即说明 AGE、SIZE、
RDI 并不会对 Y 产生影响关系，因而不能具体分析自变量对于因变量的影响关系，
研发金额投入强度对企业绩效在滞后一期没有相关性。

表 9-13　滞后二期线性回归分析结果

	非标准化系数		标准化系数	t	p	VIF
	B	标准误	Beta			
常数	−3.970	4.532	−	−0.875	0.397	−
RDI	0.083	0.059	−0.081	1.399	0.185	1.156
SIZE	−3.837	3.715	0.035	−1.033	0.320	1.297
AGE	0.758	0.516	−0.035	1.467	0.166	1.471
因变量：Y			R^2	0.225		
DW 值：2.207			调整 R^2	0.216		
			F	F=1.260，p=0.397		

数据来源：利用 SPSSAU 分析

从表 9-13 可知，将研发投金额投入强度、企业规模、上市年限作为解释变
量，选取 2018 年研发金额投入强度、2020 年企业规模、上市年限，而企业绩效
选取 2020 年作为被解释变量进行滞后二期线性回归分析。可以得出一个公式：
Y =−3.970 + 0.083*RDI − 3.837*SIZE+ 0.758*AGE。根据公式可以看出研发金
额占比每增加 1%，企业绩效会增加 0.083。根据相关性分析可以看出研发投入
金额占比对企业绩效存在正向相关性。模型 R 方值为 0.225，意味着企业规模、
上市年限、研发金额投入占比可以解释企业绩效 22.5% 的变化原因，对模型进
行多重共线性检验，发现数据变量 VIF 值处于 1~2 之间，多重共线性较弱。对
模型进行 F 检验，可以得出 F=1.26>p=0.397，也就是说明 RDI，AGE，SIZE 会
对 Y 产生影响，对模型进行 T 检验，可以看出，在上表中，t 值分别为 1.399-1.033、
1.4674，可以得出研发投入金额占比、企业规模、上市年限对企业绩效均有影响。
在回归模型中，DW 值为 2.184，相对来说比较好了，但是对该回归来说，R 方
为 0.225，这说明模型对样本的拟合度较好，研发金额投入强度对企业绩效在滞
后二期呈现正向相关性。

第四节　研究结论与对策建议

一、研究结论

本章选取了100家医药企业上市公司作为样本分析,选取了2018年、2019年、2020年这3年的数据进行了分析,对其进行了描述性分析、相关性分析以及多元线性回归分析。通过描述性分析、相关性分析、多元线性回归分析对样本进行分析,得出以下结论:

1. 根据描述性分析得出结论,医药上市企业研发金额投入强度存在较大的个体差异,存在差异的原因可能是因为每年对研发金额投入强度不同产生的。企业规模呈现平稳的趋势。

2. 对100家样本进行研发投入对企业绩效的相关性分析,得到结果,当期研发金额投入对当期企业绩效不存在相关性;研发金额投入强度对企业绩效在滞后一期不存在相关性;研发金额投入强度对企业绩效在滞后二期呈现正向相关性,且在0.01级别相关性显著。

3. 对模型进行多元线性回归分析,得出结论,当期研发金额投入强度对当期企业绩效不存在影响;研发金额投入对企业绩效在滞后一期,同样不存在明显的影响关系;研发金额投入强度对企业绩效在滞后二期有明显的正向相关性,进行线性回归分析,研发投入对绩效存在影响。研发金额投入强度与企业绩效在滞后二期存在正相关的关系。说明研发投入是一项长期的项目,对企业绩效的影响,会在未来体现出来。

二、对策建议

根据医药类上市公司研发投入对企业绩效的研究结论,对企业将如何提高企业绩效提出几点建议。

1. 合理增加研发投入。根据回归模型发现,每增加1%的研发金额投入强度会增加0.083的企业绩效,研发活动属于长期项目,由于存在一定的滞后性,对企业绩效的影响会在后期体现出来,合理规划增加研发投入,会提供企业未来的经济收益。

2. 注重长期发展。由于研发投入对企业绩效存在滞后影响，医药企业不能仅仅关注当期的发展，要对长期发展更加重视，本研究表明研发金额投入强度与企业绩效在滞后二期才会显现出正向相关。注重长期发展，未来才会得到更多的收益。

第五节　结语

本章研究方向是医药类上市公司研发投入对企业绩效的影响分析，企业绩效使用主成分分析法得到最终的综合指标来作为被解释变量，解释变量主要选取了研发金额投入强度，根据分析，得出研发金额投入强度对企业绩效呈现正向相关性，且在 0.01 级别相关性显著。当期研发金额投入强度对当期企业绩效不存在影响关系，研发金额投入强度对企业绩效在滞后一期虽能解释 1.1% 的变化原因，但没有通过 F 型检验，不存在明显的相关性。在滞后二期，存在正相关的关系。

第十章 计划单列市和直辖市高新技术产业技术创新效率影响因素分析

第一节 引言

近些年来，我们国家的国民经济得到非常迅速的发展，这与高新技术产业迅猛发展息息相通。数据显示，中国在 2020 年高新技术产业产值约 3671116 亿元，与 2013 年相比，提高了 2 倍。我国为了设立的国家计划单列市和 4 个直辖市的经济进一步发展，形成更好的经济效益，在政策上也给予了相当大的支持，从而国家计划单列市和直辖市的高新技术企业也得以迅速的发展。高新技术产业拥有消耗资源相对较少、产出资源较多的特点，已经成为每个国家和地区正在大力发展的产业。但是因为高新技术产业需要的人才更为稀缺，而且资产投入时间跨度长，所以在这种严峻的情况下，想要在高新技术产业有所突破或者站稳脚跟，就必须要在依靠国家政策的同时，依托各个机构，共同研发创新，这样才能让地区高新技术产业蓬勃发展。

国家为了社会经济的发展在 20 世纪 50 年代设立了计划单列市，在全国仅有 5 个，且都为海岸城市，但是虽然它们被单列出来，却没有与所在省份完全脱离，财政方面每年会按照一定比例上交省财政。国家会在单列市设立政治经济综合体制改革的试点。总的来说，计划单列市享受省一级的经济权限，享受国家给予的政策激励，但是并没有完全脱离，也就是单列不脱钩。

直辖市自身地理位置优越，由中央直接负责，与省为同一级别，经济权限与省一级一样。

研究计划单列市和直辖市的高新技术产业是因为这 9 个地级市都属于内地经济发展较快的城市，并且对外交流较多，经济发展较快，拥有的高新技术企业规模会比较大、资金营运能力强、掌握的先进技术比较多、能够吸引更多的人才，而这几点恰恰正是地区高新技术产业发展的必须要求，因此探究国家计划单列市和直辖市高新技术产业的技术创新效率可以分析在各市高新技术产业所发挥的作用以及技术创新效率所被影响到的原因，进而针对提高技术创新效率提出建议。

第二节　技术创新效率相关研究情况

当前，国内外学者对于高新技术产业的技术创新效率的研究已经非常多了，并且对于相关的影响因素的测量也很成熟，但是由于测量地区的不同，抑或是国家政策的力度不同，也可能是研究对象不同，所以，研究方法还是比较多样化的。例如，采用因子分析法的有刘旭红、吕可文等，通过因子分析法得出的指标，得出了技术创新效率的主要差异存在于规模差异效率，并且技术创新效率需要进一步提高。其中，利用 DEA 方法分析的占多数，如翟艳、孙研、沙德春，研究了地方的高新技术产业的创新效率水平，得到了行业水平整体的技术效率水平偏低的结论。尹洁等则从创新生态系统的角度出发，测量产业阶段和整体的技术创新效率。在少部分研究中，对区域内的企业进行了研发创新效率的研究分析，周家梁利用 Tobit 模型以 2005—2016 年间地方省的面板数据为研究对象，得到了政府的政策支持促进了技术研发创新。同样的，孙妍运用 Tobit 模型分析了经济环境和政府的财政支持、教育环境、知识产权发展水平、信息基础环境等因素对中部六省技术创新绩效的影响因素。

DEA 分析法的缺点是，由于数据的缺失，需要对数据进行补充，考虑到对于结果的影响，所以不考虑 DEA 分析法。对于影响因素的测量的方法是比较复杂的，本章主要借鉴之前学者已经测量出的显著性的影响因素去对国家计划单列市和直辖市进行分析，测量影响因素是否对国家计划单列市和直辖市的高新技术产业呈现显著作用。

正因为随机前沿模型分析方法对随机误差项对产出的影响也有相对好且结果稳定的处理，因此，选择这一种研究方法能够更好地对技术创新效率进行分析，可以通过利用该方法中的复合误差模型降低误差。后文的数据分析将会采用此种方法开展。

第三节 国家计划单列市和直辖高新技术产业现状分析

在2020年，国家计划单列市的高新技术企业数量达到了30312家，产业工业总产值达到了40107亿元，期末从业人员达到了426万人。直辖市的高新技术产业的高新技术企业数量达到了52138家，产业工业总产值达到了39312亿元，期末从业人员达到621万人。这可以说明，计划单列市的高新技术产业发展没有直辖市发展的繁荣。这可能与国家计划单列市的经济基础没有直辖市雄厚，同时也因为疫情影响，国家计划单列市对于创新人才的吸纳，对创新活动的资金投入有所下降，这样就导致国家计划单列市各市的高新技术产业所创造的效益虽然在逐年攀升，但是并不高，并没有展现出该产业该有的经济活力和效益水平。在直辖市中，无论从哪方面都会比国家计划单列市要高出很多，可能因为专业能力水平更高的人才更倾向于到经济更发达的城市去寻求更多的机会，创造自身应有的价值。

如表10-1所示，2020年国家计划单列市高新技术产业的相关创新指标不高，研发人员、研发经费内部支出、技术收入三个指标占全国的比重分别为14.52%、15.78%、10.85%；直辖市三个指标的占比分别为16.24%、20.30%、52.70%。这表明国家计划单列市的高新技术产业的创新能力较弱，而直辖市的创新能力处于全国领先地位。技术收入占比达到了52.70%，这说明直辖市高新技术产业的技术领先地位高，技术更新速度快。

表10-1 2020年计划单列市、直辖市和全国高新技术产业技术创新指标的对比

地区/指标	研发人员折合当量（人）	研发经费内部支出（亿元）	技术收入（亿元）
全国	2860041	11850.07202	56956.28828
国家计划单列市	415232	1870.23596	5610.68462
直辖市	464537	2405.15565	30014.57859

数据来源：中国火炬统计年鉴

同时，国家计划单列市和直辖市中每个市之间差距也很明显，如表10-2所示。

表 10-2　2020 年国家计划单列市、直辖市高新技术产业技术创新指标

指标/地区	大连	宁波	厦门	青岛	深圳	北京	天津	上海	重庆
研发人员折合当量（人）	17975	54696	42740	27885	271936	206137	68916	136413	53071
研发经费内部支出（亿元）	8.653381	21.947685	12.060082	11.382223	132.980226	119.453984	26.309777	72.223438	22.528366
技术收入（亿元）	12401124	15.338748	20.959445	34.311299	478.057847	1828.089340	180.063044	883.744873	109.560602

数据来源：中国火炬统计年鉴

如表 10-2 所示，2020 年，研发人员、研发经费内部支出两项指标最高的都是深圳市，技术收入指标最高的是北京市，三项指标最低的都是大连市，但是技术收入却很接近宁波市，说明大连市的技术创新效率还是比较高的。至于创新的投入低很有可能是因为疫情初期大连疫情的影响导致该年并没有过多地增加支出，高新技术企业由于资金的回笼时间长，所以很有可能在经济不稳定的情况下选择保守。

同时，北京市的技术收入远远高于其他市，北京市作为我国经济最为发达的城市之一，已经成为高新技术产业的领头羊。其余各市在借助国家政策的东风的同时，需要继续维持每年的研究投入，不断创新。正是这样，才会有更多的经济效益产生。

从 2013—2020 年，国家计划单列市高新技术产业三项创新指标的增长率达到了 610.04%、145.25%、573.14%，直辖市三项创新指标的增长率略微低于国家平均增长率以外，其余各指标的增长率都高于国家平均增长率

这说明国家单列市在 8 年间对于人才的引进和资金的投入都在不断提高，直辖市虽然也在提升，但是可能因为近几年涌入直辖市的人口太多，导致新一代的人才有些选择了更具发展潜力的城市，导致人才的引进数量增长率维持在全国平均水平。

在国家计划单列市、直辖高新技术产业发展速度不断加快的同时，也有个别地区的个别指标处于负值，那我们怎么利用好现有的研究开发人才资源和创新资金投入资源去保证产业的发展壮大呢？最好的，同时也是最有效的途径就是提升技术创新效率。因此，本研究在后续将要测算国家计划单列市和直辖市高新技术产业的技术创新效率，同时对投入产出弹性进行分析，从而更有目的性地、更有

效地利用所投入的资金。

从上文文献简述来看,对于研究和评价技术创新效率的方法主要有参数法(SFA 方法)、投入产出法、非参数法(DEA 方法)。根据相关文献和前人的分析,本研究依靠 Battese 和 Coelli 的研究分析方法,选择随机前沿法(SFA)对国家计划单列市和直辖市高新技术产业的创新效率值以及投入产出弹性进行测算;随后对随机前沿模型函数进行实证分析,对计划单列市高新技术产业的投入产出弹性和技术创新效率值进行相关测算。

第四节 创新效率及投入产出弹性分析

一、变量选择

本章选择了国家计划单列市和直辖市在 2013—2020 年的高新技术领域的数据为研究目标,并对其技术创新绩效和投入产出的弹性程度展开了研究分析。资料取自《中国火炬统计年鉴》。

(一)产出变量选择

通过上文的文献简述,可以知道大部分学者都会将创新产品收入、专利申请数、发明专利总量作为一种评价创新与产出的指标。但是,新产品收入并没有考虑到高新技术公司在科技开发方面的非营利性结果,这样就比较片面。而专利申请数和发明专利数量只可以把创新研究的投入转化为实际研究产出,并不能够说明已经成功或者能够产生效益。因此,为了让变量能够解释得更全面,本章将要选择计划单列市高新技术企业的技术收入作为创新产出的指标。

(二)投入变量选择

按照经济学的理解,技术创新投资通常为研究人员劳动投资和研究投入,所以,将分别选择研发人员劳动投资和研发投入为技术创新投资变量。

二、模型建立

依靠 Battese 和 Coelli 在早期提出的研究方法,从而将随机前沿模型函数确定为:

$$LNY_{it} = \beta_0 + \beta_1 LNL_{it-1} + \beta_2 LNK_{it-1}$$

其中 Y_{it} 表示 i 省高新技术产业在时期 t 的创新产出，i 表示不同城市，t 表示时间，L_{it}、K_{it} 分别表示 i 市高新技术产业在时期 t 的研发活动人员和研发活动经费投入，β_i 表示企业所投资的研发活动产出弹性。考虑到研究中生产的时滞性，所有投入指标均进行了滞后一期的处理。

三、结果分析

应用 Frontier4.1 软件对随机前沿生产函数进行实证研究分析。

（一）创新效率分析

通过实证分析之后，可以得到国家计划单列市和直辖市的高新技术产业创新效率的分析结果。为了能够更清晰地展现各地区的技术创新效率数值的变化，接下来通过折线图来展现国家计划单列市和直辖市的相关数值，如图 10-1 所示。

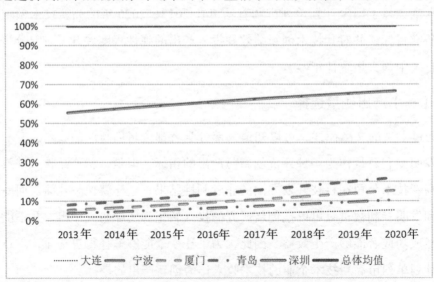

图 10-1　计划单列市高新技术产业创新效率值动态变化趋势

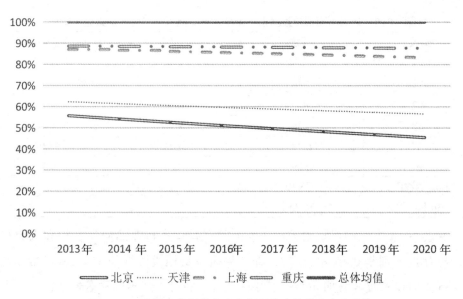

图 10-2　直辖市高新技术产业创新效率值动态变化趋势

从图 10-1 和图 10-2 可以得出以下结果：

从总体效率测量的均值上来看，2013—2020 年的 8 年间国家计划单列市和直辖市 9 市高新技术产业创新效率测度值变化不大，都是呈现逐年上升的趋势，但是宁波市跟厦门市以及重庆市整体值偏低。虽然大连市在研发人员数量和研发内部经费支出方面较其他市低，但是大连市的创新水平一直很高，配置更为合理，所以创新效率会比宁波市和厦门市高。

对比发现，直辖市中的天津和重庆虽然处于总体效率的均值以下，但是仍然高于国家计划单列市中的宁波市、厦门市、青岛市。这与表 10-2、表 10-3 展示的结果相符合。其中，宁波市、厦门市研发人员数量和研发内部经费投入虽然很高，但是因为所产生的技术收入比较低，导致创新效率测度值低。总体来说，国家计划单列市和直辖市的高新技术产业创新效率测度值比较稳定，这说明这 9 个市的高新技术产业发展基础都比较稳定。

直辖市相对来说发展水平更高，与自身的地理位置和国家政策引导密不可分，所以国家计划单列市应该充分发挥好自身的海岸优势，引进高质量人才，投入更多资金，让自身高新技术产业的技术创新效率更进一步。

（二）创新投入产出弹性分析

通过对构建函数的分析，测量确定了国家计划单列市和直辖市的高新技术产业投入产出弹性。具体结果如表 10-3 所示。

表 10-3　计划单列市和直辖市高新技术产业随机前沿生产函数分析结果

函数	系数	标准差	t 检验值
β0	16.74	0.98	3.44
β1	0.46	0.27	1.70
β2	−0.27	0.32	−0.84
σ2	11.05	10.59	1.04
γ	0.98	0.03	38.98
η	0.09	0.02	0.36
Log 函数值	−75.40		
单边 LR 检验	36.25		

由表 10-4 中我们可以看到，9 个市的高新技术行业的研发费用和人力投资的产出弹性分别是 0.46 和 −0.27，即如果研发费用投资增长 1%，就可带动高新技术行业的技术收入增加 46%。其中因为 β2 的对于产出的显著性比较弱，所以负面影响不大。这一结论与事实比较相符。肖仁桥教授把高技术产品创新过程分成了知识创造与成果商品化两个阶段，第一阶段是科学技术成果转化阶段，第二阶段是成果商品化环节。这也表明，研发费用的增加所引起的国家计划单列市和直辖市高新技术产品技术创新主要表现为第二个阶段，这就在一定程度上导致创新投入被无故地消耗掉了。这和表 10-1 所列举的我国计划单列市和直辖市技术收入占全国高新技术产品总收入的比例相对较少是不一致的，这说明创新资金投入的不断增加，会使技术收入保持平稳甚至增加。因为技术创新是长期性的，进而说明创新资金的投入对于创新活动并没有太大影响，但是正是因为资金的不断投入，才使得经济效益不断产出。尤其是在高新技术产业，创新的投入必须保证，否则不断的商业化行为就会导致未来的利益受到影响。而人员投资会带来较弱的负面作用可能是因为在研发人员的质量上把控力度不够。

以上分析足以说明，国家计划单列市和直辖市高新技术产业创新产出主要依赖于人才引进的程度，以及研究人员的积极性和创造性，创新资金的投入对于创新产出的影响也是积极的，但是并不显著。

第五节　创新效率影响因素分析

上一节测量计算出了国家计划单列市和直辖高新技术产业的创新效率及投入产出弹性，得出了国家计划单列市和直辖市高新技术产业技术创新效率不高的结果，那么该如何去提高它们的技术创新效率呢？高新技术产业的技术研发和创新是一个复杂的过程，期间会有很多因素带来不同程度影响。

一、变量选择

通过前文的变量选择，同时考虑到模型的科学性及资料的可得性，我们选择了企业规模、盈利水平、研发人员学历水平作为评价国家计划单列市和直辖市高新技术产业技术创新效率的影响因素。

企业规模。企业的规模越大，企业的资金实力就越强，相应的人才的质量就越高，也越能吸引更高质量的人才加入，进而更有助于高新技术公司的技术创新效率的提升。本章选取国家计划单列市和直辖市的高新技术产业工业总产值与高新技术产业公司数呈正比，作为衡量国家计划单列市高新技术产业企业规模大小的数据指标。

盈利水平。企业只有自身的实力够强以后，才能够投入更多的资源到创新活动中，使得企业有着源源不断的利益流入，使得自身的技术创新效率也不断提高。因此，本研究选取国家单列市和直辖市高新技术产业的净利润与营业收入的比值来作为衡量盈利水平的数据指标。

研发人员学历水平。研发人员学历水平越高，研发者的专业能力就高，研发能力相应的就强，从而有利于公司自身技术创新效率的提高。本研究选取大专以上学历人数与年末从业人员之比来作为衡量高新技术公司研发人员学历水平的数据指标。

二、模型建立

贝泰斯（Battese）和科埃利（Coelli）在早期提出的随机前沿分布模型中不但对技术创新效率数值进行了估计，还对影响创新效率的各种因素展开了实证研究分析。主动引入技术无效率函数是他们应用最多的研究方法。因此本研究基于他们的研究方法，把技术创新效率模型设定如下：

$$U_{it} = \alpha_0 + \alpha_1 M_{1it} + \alpha_2 M_{2it} + \alpha_3 M_{3it} + W_{it}$$

U_{it} 是插入的技术无效率函数，W_{it} 是主要随机误差项。α_1、α_2、α_3 分别代表高新企业的三个影响因素对国家计划单列市和直辖市高新技术产业创新效率的影响程度。

三、结果分析

通过对设立模型函数的实证研究分析，得到了国家计划单列市和直辖市高新技术产业影响因素的系数，如表 10-4 所示。

表 10-4　计划单列市、直辖市高新技术产业影响因素随机前沿模型分析结果

函数	系数	标准差	t 检验值
α_0	27.986	0.996	28.088
α_1	−0.256	0.230	−1.114
α_2	0.613	1.043	0.588
α_3	6.639	0.975	6.807
σ^2	1.456	0.979	1.487
Log 函数值	−23.754		
单边 LR 检验	36.142		

通过对表 10-5 的分析，可以得出如下结论：

α_1 为负，系数为 -0.256。这说明企业规模如果太大，就会对企业的技术创新效率带来比较弱的负面影响。这或许是因为这些规模较大的公司，对市场掌控力比较强或者具备了很优秀的市场表现力，对眼前的商业利益比较关注，在商业化阶段投放了更多的资源在产品研发中，从而对产品研发创新的动机也有所缺失。所以，我国的计划单列市和直辖市高新技术企业规模都对其技术创新质量形成了负面的影响。

α_2 为正，系数为 0.613。我国计划单列市和直辖市的生产高新技术产品的企业利润率，自 2013—2020 年所呈现的变化趋势均是缓慢增长，这与所收集的历史数据情况基本相符，同时这对企业技术创新效益的提高也具有正面效应，即企业利润率和技术创新效益同方向变化，符合事实。但因为不能经过严格检验，所以影响并不大。高新技术产品的研究创新活动往往需要巨大的财务支持，因此尽管收益上升，但由于面临疫情的市场状况，国家计划单列市和直辖市很可能就很难开展更高效的技术创新活动，并由此造成了技术创新效益的降低。

α_3 为正，系数为 6.639，表示我国计划单列市和直辖市中高新技术行业的研发人员学历水平，对其科技绩效具有着重要的正面影响。所以说，研发活动中研发创新人员必须具备相应的知识储备，对其学历也有相应的要求，不然没能力开展创新活动，这也正表示研发创新人员的学历水平直接影响了创新效果。

第六节　研究结论与政策建议

一、研究结论

通过运用前沿分析模型的方法对国家计划单列市和直辖市高新技术产业在2013—2020年的面板数据情况进行了深度的观察和数据分析，从而计算出了国家计划单列市和直辖市高新技术产业的创新能力和效率，以及其创新发展所需要的资金投入、创新产出弹性等，并对其相关因素展开了深度的研究和数据分析，进而基于分析结论得到了以下结果：我国国家计划单列市和直辖市中除北京和深圳之外其他市高新技术产业创新效率均相当低下，其中甚至还存在负数的现象，这表明市和市的差距很大。全国计划单列市和直辖市科学技术领域的研发费用、研发费用内部开支、技术收入三项发展能力指数差距明显。

研发经费投入在除了青岛市之外的全国各地每年确实都有增加，不过对技术创新效果的提高却并不是非常明显。但是，通过与研发人员数量比较，研发经费内部开支这一创新投资指标的增长较快，投资的绝对总量也不少，只是其效率还不高，并不能充分发挥出相应的效果，对资源也无法妥善、合理地利用。

在技术创新的速度与效益的主要影响因素上，我国计划单列市和直辖市对高新技术企业的整体获利水平以及高新技术行业的总体研发人才的文化水平，对技术创新的创新效率都有着正面，也就是积极的影响，其中高新技术行业研发人才的总体技术水平的影响尤其突出，由此可以看出研发人员的重要性，也要求各市必须重视高新技术企业中研发人才；而企业规模的大小，对国家计划单列市和直辖市内高新技术企业的创造效果有相对微弱的影响。

二、政策建议

国家计划单列市和直辖市的高新技术公司要发挥出好这些研发技术人才应有的价值。要着力提升高校现有科技研发应用型人才队伍的科研总体专业技术水平，增强公司自身人才的科技创新和开发能力。与此同时，要注意运用好国家政策支持和国家针对计划单列市和直辖市的一些优惠政策，在科研资金使用上可以给创新研发的人才以更多方面的政策倾斜，如此才可以做到更有效地帮助引导研发人员积极开展科技创新和研发活动，其中主要是基础研发工作。除此之外，对于新鲜血液，也就是研发技术人才的引进力度要继续加大，国家计划单列市利用好海岸城市的地理优势，直辖市则利用好自身的资源条件，更好地把高专业水平、高学历水平的研发技术人才吸纳到企业中，让这些人才愿意留下来，沉下心做技术研发创新，以此不断提高自己的核心竞争力。

国家计划单列市和直辖市的高新技术公司对于自身资金的配置使用要经过专业分析进行合理配置，另外要不断增加对于技术创新的资金投入，以此保持自身的核心竞争力。在高新技术公司有了新的研发成果以后，不能只看到眼前的利益，比如说把应该投入技术创新的研发资金投入到销售宣传环节来获得即时利益。这样很有可能会导致研发技术人员的创新被搁置。应该把更多的研发资金投入到对于研发人员的知识储备和创新上去，通过提高专业水平让新技术能够更好地研发出来，保证现有技术的更新换代，保持技术领先程度。这样，技术层面的核心竞争能力就能够让整个产业更加有活力，进而不断提高企业的技术创新效率，让整个高新技术产业能够更加蓬勃发展。

同时，产业规模相对来说较大、盈利水平相对较强的企业自身同时拥有创新研发的软件条件与硬件条件，所以更应该加强研发人员专业水平、加强自身的研发创新活动，进而在研发和创新的基础上，不断去提升创新产出，从而获得更多的盈利。研发技术人员储备充足的企业则应该去寻求其他公司的合作，加大研发资金的投入，促使技术创新快速高效地产生，从而提高自身的技术创新效率。高新技术产业在具有很强的盈利空间以外，也会面临一定的风险，但是对于风险，不能畏惧，只有加强自身的硬实力，保障自身的领先地位，才能迸发更大的能量。

第十一章　兵团上市公司研发投入对企业财务绩效的影响研究

我国经济发展已经由高速增长转向高质量发展，对企业来讲，创新也就成了企业得以生存发展的重要途径，因此，研发活动就变成了企业维持和增强自身竞争力、促进企业可持续发展的重要内容。企业创新为企业带来进步的同时需要大量的资金投入，这个论题很值得研究。在国外，对研发投入和企业财务绩效关系的研究工作起步早于国内，两者呈正相关关系，具有滞后效应的观点逐渐形成了一统。而在国内，对两者关系的研究工作起步较晚且并未形成统一的观点。本章旨在前人研究的基础上，以兵团上市公司为例，分析研发投入对公司绩效的影响，以为兵团上市公司的研发活动提供重要参考。

第一节　兵团上市公司概述

兵团的上市公司一共有 14 家，A 股上市公司一共有 13 家，港股上市公司有 1 家，兵团上市公司主要的项目还是以农业为主，所经营的范围大多数都是农副产品以及关于农副产品的服务和加工。百花村上市以来，主营业务发生过多次的变动，其中包括餐饮业、服务业、煤化工及煤炭采选业、药品研发等，并且其中业务关联性不高，新农开发和新赛股份主营农业种植及加工，天富能源主营电力热力生产和供应，北新路桥主营铁路、公路、桥梁、隧道的修建，西部牧业主营农副产品和畜产品，青松建化主营业务为建材、水泥和化工产品销售，天润乳业（原新疆天宏）在 2013 年进行了资产重组，其主营业务由造纸转变为畜牧业和奶业。兵团上市公司中大多数都是多元化的经营方式，而且是非相关多元化经营，除了以白酒加工为主的伊力特和以电力供应为主的天富能源之外，其他的上市企业中所关系到的行业是比较多元化的，所以兵团上市公司没有突出的主营业务。

第二节　理论分析与研究假设

一、研发投入与企业财务绩效正相关

研究开发是企业生存和发展的重要一环，研发费用则是对企业研发工作货币化的直接体现，研发费用的投入比例不仅影响研发工作的有序进行，势必也将吸引高质量的研究和开发人员加入，研发人员的增加使企业的研发能力得到增强和发展，研发能力促使企业能够取得一定的研发成果，研发成果越好越能在一定程度上促进企业的发展。因此提出假设1——研发投入与财务绩效正相关。

二、研发投入对企业财务绩效的影响存在滞后性

企业研发新技术大多需要一定的时间，且企业研发的新技术都需要经过市场化才能为企业创造出新效益，因此研发投入或费用化或资本化都不一定能对企业当期的财务绩效产生正向影响，而是通过一段时间将研究成果应用到产品生产中，经过企业销售出口从而为企业创造经济收入。从时间上看，研发投入对企业财务绩效的影响应该有一定的滞后性。因此提出假设2——研发投入对企业财务绩效的影响存在滞后性。

第三节　样本选取与指标变量选择

一、样本选取与数据来源

本章选取的研究样本为兵团上司公司，不考虑天业节水，将其剔除，主要是因为天业节水是在港交所上市，其面临的证券市场不同于其他上市公司，未在公司年报中披露研发投入相关数据的中基健康（000972）、百花医药（600721）、青松建化（600425）、天富能源（600509）以及2013年进行资产重组的天润乳业（600419），选取剩余8家兵团上市公司2010—2019在上海证券交易所、深圳证券交易所所披露的公司年度财务报表，对其中的研发投入和财务绩效相关数据通过Excel和SPSS17.0进行汇总分析。

二、指标变量选择

（一）解释变量

企业财务报告中的研发投入情况表是企业对自身本期研发投入情况的数据汇总，其中包括研发投入金额以及研发人员数量等相关数据，但研发投入的相关数据自身有较强的相关性，并不适合一同作为解释变量存在，数据选取了最能直接体现企业研发投入情况的研发费用比率作为解释变量，见表11-1。

表 11-1 变量汇总表

变量类型	变量名称	变量代码	公式及说明	数据来源
解释变量	研发费用比率	Z_1	研发费用/营业收入 × 100%	财务报告
被解释变量	财务绩效综合评分	Y	由因子分析计算所得	财务报告
控制变量	公司规模	Z_2	总资产的自然对数	财务报告

（二）被解释变量

企业研发新技术、新市场，增加市场占有率，从而影响公司产品的销售。数量的变化导致公司利润的变化，进而影响公司的财务业绩，企业财务绩效的变化是企业研发成果的客观反映。分别选取代表企业的发展能力、盈利能力、营运能力和偿债能力的13项财务指标进行降维处理，以数据处理得到的财务绩效综合评价得分作为被解释变量，见表11-2。

表 11-2 财务绩效指标

指标类型	指标名称	指标代码	表达式
盈利能力	净资产收益率	X_1	净利润/平均净资产
	资产报酬率	X_2	息税前利润/平均资产
	资产净利率	X_3	净利润/平均资产
	销售毛利率	X_4	（营业收入 — 营业成本）/营业收入
	销售净利率	X_5	净利润/销售收入
偿债能力	速动比率	X_6	速动资产/流动负债
	流动比率	X_7	流动资产/流动负债
	资产负债率	X_8	负债/资产
营运能力	股东权益周转率	X_9	销售收入/平均股东权益
	总资产周转率	X_{10}	销售收入/平均资产
增长能力	营业收入增长率	X_{11}	营业收入增长额/基期营业收入
	资产增长率	X_{12}	资产增长额/基期资产
	净利润增长率	X_{13}	净利润增长额/基期净利润

（三）控制变量

依据所研究样本数据的特殊性，在筛选控制变量时发现样本企业总资产的自然对数差异较小，在建立模型时引入控制变量，选用企业总资产的自然对数作为控制变量。

三、企业财务绩效指标的得出

（一）KMO 和 Bartlett 的检验

KMO 和 Bartlett 检验是判断样本企业的绩效数据能否进行因子分析的前提，要对多指标多数据进行因子分析，首先要了解数据间的相关性强弱以及是否形成单位矩阵。KMO 的取值范围通常在 0~1 间，KMO 数值与 1 越相近，那么变量间存在的相关性越强，数据就越适合实施因子分析处理。学术界默认当 KMO 值大于 0.6 时，被检验数据就可以进行因子分析。检验结果的 KMO 值为 0.721 ＞ 0.6，Bartlett 球形度检验（sig=0.000）＜ 0.05，两项检验结果都说明样本数据通过了显著性检验，样本数据是比较适合进行因子分析的，见表 11–3。

表 11–3　KMO 和 Bartlett 的检验

取样足够度的 Kaiser–Meyer–Olkin 度量		0.721
Bartlett 的球形度检验	近似卡方	943.798
	df	78
	Sig.	0.000

（二）公因子的提取

根据研究结果，进行公因子的提取。共提取 5 个公因子，见表 11–4。可以看出，在提取的 5 个公因子中，初始特征值分别为 6.132、1.915、1.317、1.094、1.066，均大于 1。经过正交旋转这 5 个公共因子的个别方差贡献率分别为 34.457%、24.507%、10.937%、9.559%、9.184%，累计方差超过 88%。方差的累计解释程度分别为 34.457%、58.964%、69.901%、79.460%、88.644%，所提取的 5 个公因子能够很好地解释原变量的数据。

表 11–4　特征值与方差贡献表

成分	初始特增值			旋转平方和载入		
	合计	方差 %	累积 %	合计	方差 %	累积 %
1	6.132	47.172	47.172	4.479	34.457	34.457
2	1.915	14.727	61.900	3.186	24.507	58.964

续表

成分	初始特增值			旋转平方和载入		
	合计	方差 %	累积 %	合计	方差 %	累积 %
3	1.317	10.134	72.033	1.422	10.937	69.901
4	1.094	8.413	80.446	1.243	9.559	79.460
5	1.066	8.198	88.644	1.194	9.184	88.644
6	0.686	5.275	93.918			
7	0.430	3.310	97.229			
8	0.213	1.635	98.863			
9	0.067	0.513	99.377			
10	0.035	0.270	99.647			
11	0.025	0.190	99.837			
12	0.019	0.146	99.983			
13	0.002	0.017	100.000			

（三）公因子的命名

本研究采用最大方差法建立因子载荷矩阵，经过 9 次旋转迭代之后，得到旋转成分矩阵，见表 11-5。由表 11-5 可知，第一个因子中的有五项指标的载荷值分别为 0.937、0.850、0.907、0.920、0.679，对第一个因子有着明显贡献，将其命名为公共因子 Y_1。第二个因子中有三项指标的载荷值分别为 0.791、0.963、0.947，对第二个因子贡献最高，将其命名为公共因子 Y_2。第三个因子中有两项指标的载荷值分别为 0.485、0.956，将其命名为公共因子 Y_3。第四个因子中有两项指标的载荷值分别为 0.815、-0.575，将其命名为公共因子 Y_4。第五个因子中有一项指标的载荷值为 0.943，将其命名为公共因子 Y_5。

表 11-5　旋转成分矩阵

指标	成分				
	1	2	3	4	5
净资产收益率	0.937	0.089	-0.074	0.052	0.054
资产报酬率	0.850	0.485	-0.106	-0.042	0.050
资产净利率	0.907	0.374	-0.092	-0.026	0.066
销售毛利率	0.400	0.791	-0.176	-0.028	0.104
销售净利率	0.920	0.246	-0.090	0.066	0.065
速动比率	0.120	0.963	-0.060	0.038	-0.035
流动比率	0.217	0.947	-0.058	-0.029	-0.004
资产负债率	-0.478	-0.479	0.485	0.376	-0.188
股东权益周转率	-0.080	-0.166	0.956	-0.030	0.053
总资产周转率	0.466	0.176	0.386	-0.575	0.280
营业收入增长率	0.023	0.017	0.048	0.094	0.943

续表

指标	成分				
	1	2	3	4	5
资产增长率	0.275	0.058	0.058	0.815	0.189
净利润增长率	0.679	0.026	0.213	0.289	−0.355

（四）企业财务绩效模型的构建

计算每个公因子的值之前，需要写出各公因子与原变量之间的函数关系式，因此采用了最小二乘回归的方法得到表11-6所示结果。

表11-6　成分得分系数矩阵

指标	成分				
	1	2	3	4	5
净资产收益率	0.279	−0.165	−0.056	0.010	0.013
资产报酬率	0.172	0.038	−0.009	−0.029	−0.011
资产净利率	0.213	−0.027	−0.019	−0.027	0.006
销售毛利率	−0.039	0.271	−0.006	0.034	0.040
销售净利率	0.239	−0.085	−0.041	0.037	0.017
速动比率	−0.164	0.450	0.126	0.109	−0.080
流动比率	−0.128	0.414	0.122	0.050	−0.060
资产负债率	−0.070	−0.008	0.311	0.281	−0.119
股东权益周转率	−0.003	0.100	0.721	−0.030	0.014
总资产周转率	0.125	−0.007	0.316	−0.465	0.166
营业收入增长率	−0.036	−0.029	0	0.132	0.816
资产增长率	0.030	0.044	0.047	0.677	0.194
净利润增长率	0.210	−0.048	0.179	0.190	−0.326

$Y_1=0.279X_1+0.172X_2+0.213X_3-0.039X_4+0.239X_5-0.164X_6-0.128X_7-0.07X_8-0.003X_9+0.125X_{10}-0.036X_{11}+0.030X_{12}+0.210X_{13}$ （11-1）

$Y_2=-0.165X_1+0.038X_2+0.027X_3+0.271X_4-0.085X_5+0.450X_6+0.414X_7-0.008X_8+0.100X_9-0.007X_{10}-0.029X_{11}+0.044X_{12}-0.048X_{13}$ （11-2）

$Y_3=-0.056X_1-0.009X_2-0.019X_3-0.006X_4-0.041X_5+0.126X_6+0.122X_7+0.311X_8+0.721X_9+0.316X_{10}+0X_{11}+0.047X_{12}+0.179X_{13}$ （11-3）

$Y_4=0.010X_1-0.029X_2-0.027X_3+0.034X_4+0.037X_5+0.109X_6+0.050X_7+0.281X_8-0.030X_9-0.465X_{10}+0.132X_{11}+0.677X_{12}+0.190X_{13}$ （11-4）

$Y_5=-0.013X_1-0.011X_2+0.006X_3+0.040X_4+0.017X_5-0.080X_6-0.060X_7-0.119X_8+0.014X_9+0.166X_{10}+0.816X_{11}+0.194X_{12}-0.326X_{13}$ （11-5）

企业财务绩效模型的构建需要依照各公因子与原变量之间的函数关系式以及公因子的解释方差，得出企业财务绩效模型的函数关系式为：

$$Y=A_1Y_1+A_2Y_2+A_3Y_3+A_4Y_4+A_5Y_5 \qquad （11-6）$$

A是各公因子的系数，取名公因子的解释方差，Y是各公因子值。各公因子的解释方差分别为34.457%、24.507%、10.937%、9.559%、9.184%，因此，可以写出完整的企业财务绩效指标的函数关系式：

$$Y=0.34457Y_1+0.24507Y_2+0.10937Y_3+0.09559Y_4+0.09184Y_5 \qquad （11-7）$$

（五）企业财务绩效评分的计算

依据公式（11-1）、（11-2）、（11-3）、（11-4）、（11-5）、（11-7）将样本数据代入得出各个公因子的数值和企业财务绩效综合评分。

第四节　研发投入与财务绩效关系实证过程

一、研究数据描述性统计分析

为了观察样本数据的整体水平，通过对综合绩效评分、研发费用比率、公司规模三项数据进行描述性统计，进而对统计结果进行分析。表11-7是描述性统计分析的结果。

表11-7　描述性统计分析

年份	N	极小值	极大值	均值	标准差
综合绩效评分	80	−0.3700	0.7800	0.3455	0.2402
研发费用比率	80	0.0001	0.0412	0.0108	0.0116
公司规模	80	20.4200	24.0400	21.9577	0.7081

资料来源：交易所披露年报

从表11-7可以得知样本数据的数量为80组，企业财务绩效综合评分的极小值与极大值分别为−0.37、0.78，表明不同企业不同年份的财务绩效差额较大。研发费用比率极大值仅有4.12%，说明样本企业的研发费用总体上来看比较低。再从年末总资产自然对数看，极大值与极小值差额不大，标准差为0.7081，样本数据稳定，表明样本企业资产规模差异不大。

二、相关性分析

考虑到研发投入会对企业财务绩效产生滞后影响，因此将本年度的研发费用比率分别与当年、滞后一年、滞后两年的企业财务绩效综合评分进行相关性检验。

（一）研究投入与当年财务绩效的相关性检验

对样本企业 2010—2019 年研发投入指标与当期综合财务绩效得分数据进行相关检验，见表 11-8。观察表 11-8 可知，研发费用比率与当年企业财务绩效之间的相关系数是 -0.289，且 p（sig=0.087）> 0.05，说明在 5% 的显著性水平下，研发费用率与企业财务绩效间不存在显著相关关系。公司规模与当期研发费用比率间的 p（sig=0.275）> 0.05，说明在 5% 的显著性水平下，表明公司规模与研发费用比率间不存在显著相关关系。

表 11-8　研发投入与当年财务绩效的相关性分析

		综合绩效评分	研发费用比率	公司规模
综合绩效评分	Pearson 相关性	1	-0.289	0.277
	显著性		0.087	0.042
研发费用比率	Pearson 相关性	-0.289	1	-0.151
	显著性	0.087		0.275
公司规模	Pearson 相关性	0.277	-0.151	1
	显著性	0.042	0.275	

资料来源：交易所披露年报

（二）研发投入与滞后一期财务绩效的相关性检验

接下来，对样本企业 2010—2018 年研发投入数据与 2011—2019 年综合财务绩效得分数据进行相关分析，见表 11-9，研发费用比率与滞后一期企业财务绩效间的相关系数是 -0.009，且 p（sig=0.041）< 0.05。说明在 5% 的显著性水平下，研发费用比率与滞后一期企业财务绩效间呈显著的相关关系。研发费用比率与企业总资产自然对数间的 p（sig=0.425）> 0.05，说明在 5% 的显著性水平下，公司规模与研发费用比率间不存在显著相关关系。

表 11-9　研发投入与滞后一期财务绩效的相关性分析

		综合绩效评分	研发费用比率	公司规模
综合绩效评分	Pearson 相关性	1	-0.009	0.168
	显著性		0.041	0.269
研发费用比率	Pearson 相关性	-0.009	1	-0.122
	显著性	0.041		0.425
公司规模	Pearson 相关性	0.168	-0.122	1
	显著性	0.269	0.425	

资料来源：交易所披露年报

（三）研发投入与滞后两期财务绩效的相关性检验

以下是样本企业 2010—2017 年研发投入相关数据与 2012—2019 年综合财务绩效评分数据的相关分析，见表 11-10。研发费用比率与滞后两期企业财务绩效的相关系数是 0.105，且 p（sig=0.029）＜ 0.05，说明在 5% 的显著性水平下，研发费用比率与滞后两期的企业财务绩效间存在显著相关关系。研发费用比率与企业总资产自然对数间的 p（sig=0.627）＞ 0.05，说明在 5% 的显著性水平下，表明公司规模与研发费用比率间不存在显著相关关系。

表 11-10　研发投入与滞后两期财务绩效的相关性分析

		综合绩效评分	研发费用比率	公司规模
综合绩效评分	Pearson 相关性	1	0.105	0.192
	显著性		0.029	0.261
研发费用比率	Pearson 相关性	0.105	1	−0.084
	显著性	0.029		0.627
公司规模	Pearson 相关性	0.192	−0.084	1
	显著性	0.261	0.627	

资料来源：交易所披露年报

三、回归分析

为了进一步验证研发投入与企业财务绩效之间的关系，建立线性回归模型进行回归分析检验。采用线性回归模型对线性关系进行拟合检验。该线性回归的数学模型为

$$Y=\beta_0+\beta_1 Z_1+\beta_2 Z_2+\mu \qquad （11-8）$$

其中，Y 是指企业财务绩效综合评分，以此作为被解释变量，以研发费用比率为解释变量，总资产自然对数即公司规模作为控制变量。

（一）研发投入与当年财务绩效综合评分回归分析

在研发投入与当前财务绩效的回归分析中，首先将样本公司近 10 年研发投入与财务绩效的综合得分数据引入回归模型进行数据检验。将每年的数据进行配对，共对 80 组数据观测值进行线性回归分析（见表 11-11）。研究结果显示 $R^2=0.247$，说明模型拟合程度一般。在 5% 的显著性水平下，查 DW 统计表 $d_l=1.586$，$d_u=1.688$，DW 统计量的值为 1.735，$d_u ＜ DW ＜ 4-d_u$，这就表明该模型中不存在自相关问题。F 统计量的观测值为 2.452，在 $\alpha =0.05$ 显著性水平条

件下，在 F 分布表中查出自由度为 k-1=2 和 n-k=77 的临界值 $F_a(2，77)$=3.13，由于 F=2.452 < $F_a(2，77)$，说明在 α =0.05 显著性水平条件下，研发投入与财务绩效综合评分不存在显著的线性关系。当 α =0.05 时，$t_{\frac{\alpha}{2}}(n-k) = t_{0.025}(80-3) = 1.994$，研发费用比与当年企业财务绩效综合评分的 T 值为 –1.603，说明在 α =0.05 显著性水平条件下，研发投入与财务绩效综合评分不存在显著的线性关系。

表 11-11　研发投入与当年财务绩效回归系数表

	回归系数	T 值	Sig
常量	0.684	4.368	0
研发费用比率	−0.045	−1.603	0.117
公司规模	0.236	2.105	0.045
F	2.452		
DW	1.735		
R^2	0.247		
调整 R^2	0.220		
N	80		

资料来源：交易所披露年报

（二）研发投入与滞后一期财务绩效综合评分回归分析

下面将样本企业 2010—2018 年的研发投入相关数据分别与 2011—2019 年的财务绩效综合评分数据相对应，进行回归分析，见表 11-12。研究结果显示 R^2 =0.408，说明模型拟合程度良好，在 5% 的显著性水平下，查 DW 统计表 d_l =1.562，d_u =1.675，DW 统计量的值为 1.754，d_u < DW < 4- d_u ，这就表明该模型中不存在自相关问题。F 统计量的观测值为 4.511，在 α =0.05 显著性水平条件下，在 F 分布表中查出自由度为 k-1=2 和 n-k=69 的临界值 $F_\alpha(2，69)$ =3.14。由于 F=4.511 > $F_\alpha(2，69)$，说明在 α =0.05 显著性水平条件下，研发投入与滞后一期企业财务绩效综合评分存在显著负向线性关系。当 α =0.05 时，$t_{\frac{\alpha}{2}} = (n-k) = t_{0.025}(72-3) = 1.997$ 研发费用与滞后一期企业财务绩效综合评分的 T 值为 –2.379，说明在 α =0.05 显著性水平条件下，研发投入与滞后一期企业财务绩效综合评分存在显著负向线性关系。

表 11-12　研发投入与滞后一期财务绩效的回归系数表

	回归系数	T 值	Sig
常量	0.247	3.681	0.008
研发费用比率	−0.019	−2.379	0.043

续表

	回归系数	T 值	Sig
公司规模	0.124	0.881	0.384
F	4.511		
DW	1.754		
R^2	0.408		
调整 R^2	0.374		
N	72		

资料来源：交易所披露年报

（三）研发投入与滞后二期财务绩效综合评分回归分析

下面将样本企业 2010—2017 年的研发投入相关数据分别与 2012—2019 年的财务绩效综合评分数据相对应，进行回归分析，见表 11–13。研究结果显示 $R^2 = 0.303$，说明模型拟合程度一般。在 5% 的显著性水平下，查 DW 统计表 $= 1.536$，$d_l = 1.662$，DW 统计量的值为 1.674，$d_u < DW < 4 - d_u$，这就表明该模型中不存在自相关问题。F 统计量的观测值为 4.210，在 $\alpha = 0.05$ 显著性水平条件下，在 F 分布表中查出自由度为 k–1=2 和 n–k=61 的临界值 $F_\alpha(2,61) = 4.00$，说明在 $\alpha = 0.05$ 显著性水平条件下，研发投入与滞后两期企业财务绩效综合评分存在显著正向线性关系。当 $\alpha = 0.05$ 时，$t_{\frac{a}{2}} = (n-k) = t_{0.025}(63-4) = 2.000$，研发费用比与财务绩效综合评分的 T 值为 3.384，说明在 $\alpha = 0.05$ 显著性水平条件下，研发投入与滞后两期企业财务绩效综合评分存在显著正向线性关系。

表 11–13 研发投入与滞后二期财务绩效的回归系数表

	回归系数	T 值	Sig
常量	0.323	3.531	0.015
研发费用比率	0.002	3.384	0.023
公司规模	0.157	1.021	0.314
F	4.210		
DW	1.674		
R^2	0.303		
调整 R^2	0.289		
N	64		

资料来源：交易所披露年报

通过三次回归分析检验，研究结果的回归系数分别为 –0.045、–0.019、0.002，且后两次回归分析结果都能通过 5% 显著性水平下的 T 检验和 F 检验，其中滞后一期回归模型拟合得更好，研发费用对企业财务绩效的正向滞后影响在逐渐增强。

第五节　研究结论与建议

一、研究结论

通过选取深圳证券交易所和上海证券交易所上市的 8 家兵团上市公司为研究对象，选取其 2010—2019 年研发投入与企业财务绩效的相关数据，通过因子分析法中的主成分分析法提取出本研究所需的企业财务绩效综合评分，在本章实证分析段落中重点研究了样本企业研发费用比率与企业财务绩效综合评分之间的关系，并分析了两者之间的滞后性。通过上述分析，得出以下结果：

假设 1 成立。本章对研究样本进行分析得出企业的费用比率和其财务绩效综合评分有正相关关系。通过选取能体现企业运营中各种能力的 13 个单一财务指标，然后使用因子分析法中的主成分分析得到一个综合财务指标。并将企业财务绩效综合评分、研发费用比率、公司规模进行回归分析，依据回归分析的结果，研发投入能在一定程度上促进企业财务绩效的提高。

假设 2 成立。从实证检验的结果来看，研发资金的投入并不会直接对当期的企业财务绩效产生积极影响，而是存在滞后影响。当期的研发投入会对后期的企业财务绩效有着正面促进作用。

二、相关建议

从以上研究结果来看，研发投入对企业的长远发展具有积极而深远的促进作用。兵团上市公司作为新疆生产建设兵团先进生产力的模范代表，兵团上市公司应当加大对研发项目的投资，提升企业的研发实力。研发投入是一个长期的活动，并存在许多的未知性。所以，企业应将研发活动列入自己的未来发展战略，做一个长久的规划，提高自身的研发能力，让产品满足、适应市场需求，使研发投入与企业效益能互相良好的促进，企业能更好地发展。我国的税收政策也在积极引导企业进行研发创新，兵团上市公司也应该积极响应国家政策，做出改变。研发投入影响虽然具有一定滞后性，但它更是企业核心竞争力提升的重要途径，研发投入也不仅仅是项目资金上的投入，同样也需要加大对研发人员的引进和培养，吸引更多的祖国优秀青年参与到祖国边疆的建设中去。

参考文献

[1] 秦军. 科技型中小企业自主创新的金融支持体系研究［J］. 科研管理, 2011, 32(1): 79-88.

[2] 李成, 王婷. 中国风险投资发展对创新资本的提升效应分析［J］. 山西财经大学学报, 2015(10): 56-65.

[3] 焦跃华, 黄永安. 风险投资与公司创新绩效: 基于创业板公司的经验分析［J］. 科技进步与对策, 2014(10): 84-89.

[4] 芦锋, 韩尚容. 我国科技金融对科技创新的影响研究: 基于面板模型的分析［J］. 中国软科学, 2015(6): 139-147.

[5] 杨胜刚, 张一帆. 风险投资对企业创新的影响: 基于中小板和创业板的研究［J］. 经济经纬, 2017(2): 147-152.

[6] 李爽. 风险资本是否提升了中国企业的技术创新积极性？: 基于资本价格扭曲背景下的"双重替代效应"［J］. 西安交通大学学报（社会科学版）, 2017, 37(2): 17-23.

[7] 许昊, 万迪昉, 徐晋. 风险投资、区域创新与创新质量甄别［J］. 科研管理, 2017, 38(8): 27-35.

[8] 段海艳. 企业持续创新影响因素研究［J］. 科技进步与对策, 2017, 34(15): 87-93.

[9] 何郁冰, 张思. 技术创新持续性对企业绩效的影响研究［J］. 科研管理, 2017, 38(9): 1-11.

[10] 邹双, 成力为. 风险投资进入对企业创新绩效的影响: 基于创业板制造业企业的 PSM 检验［J］. 科学学与科学技术管理, 2017(2): 68-76.

[11] 罗军. 融资约束与民营企业技术创新类型选择［J］. 软科学, 2018(1): 73-77.

[12] 苟燕楠, 董静. 风险投资背景对企业技术创新的影响研究［J］. 科研管理,

2014（2）：35-42.

[13] 苟燕楠，董静. 风险投资进入时机对企业技术创新的影响研究［J］. 中国软科学，2013（3）：132-140.

[14] 李俊成，马菁. R&D资金投入与科技创新：基于融资环境视角的研究［J］. 中国科技论坛，2017（2）：135-142.

[15] 林毅夫，孙希芳，姜烨. 经济发展中的最优金融结构理论初探［J］. 经济研究，2009（8）：4-17.

[16] 辜胜阻，洪群联，张翔. 论构建支持自主创新的多层次资本市场［J］. 中国软科学. 2007（8）：7-13.

[17] 王昱，成力为，安贝. 金融发展对企业创新投资的边界影响：基于HECKIT模型的规模与效率门槛研究［J］. 科学学研究，2017，35（1）：110-124.

[18] 胡苏，张娅婕，张念明. 财务柔性、企业金融化与技术创新：基于高管货币薪酬激励的调节效应［J］. 会计之友，2022（19）：76-84.

[19] 钟凤英，冷冰洁. 高新技术企业融资约束对创新绩效的影响：基于高管外部异质性视角［J］. 会计之友，2021（18）：56-63.

[20] 孙静. 金融结构促进技术创新的比较制度分析：基于制度互补性的视角［J］. 华东经济管理，2018，32（12）：152-163.

[21] 曹霞，张路蓬. 金融支持对技术创新的直接影响及空间溢出效应：基于中国2003—2013年省际空间面板杜宾模型［J］. 管理评论，2017，29（7）：36-45.

[22] 黎杰生，胡颖. 金融集聚对技术创新的影响：来自中国省级层面的证据［J］. 金融论坛，2017（7）：41-54.

[23] 戚湧，杨帆. 基于最优金融结构理论的区域创新能力研究［J］. 科技进步与对策，2018，35（23）：52-58.

[24] 张岭，张胜. 创新驱动发展战略的金融支持体系［J］. 西安交通大学学报（社会科学版），2015，35（6）：11-16.

[25] 张玉喜，赵丽丽. 中国科技金融投入对科技创新的作用效果：基于静态和动态面板数据模型的实证研究［J］. 科学学研究，2015（2）：177-184.

[26] 周永涛，许嘉扬. 金融发展促进中国技术创新的空间面板计量分析［J］.

金融发展研究，2013（4）：14-21.

[27] 李后建，张宗益.金融发展、知识产权保护与技术创新效率：金融市场化的作用［J］.科研管理，2014（12）：160-167.

[28] 方福前，邢炜.中国经济短期波动对长期增长的影响：金融发展的作用［J］.经济学动态，2016（9）：4-16.

[29] 李晓龙，冉光和，郑威.金融发展、空间关联与区域创新产出［J］.研究与发展管理，2017（1）：55-64.

[30] 蔡竞，董艳.银行业竞争与企业创新：来自中国工业企业的经验证据［J］.金融研究，2016（11）：96-111.

[31] 盛安琪，汪顺，盛明泉.产融结合与实体企业竞争力：来自制造业样本的实证分析［J］.广东财经大学学报，2018，33（1）：15-26.

[32] 张林.金融发展、科技创新与实体经济增长：基于空间计量的实证研究［J］.金融经济学研究，2016（1）：14-25.

[33] 陈东，汪敏，沈春苗.金融中介发展提升中国技术创新能力了吗：基于中国省际面板数据的实证分析［J］.山西财经大学学报，2014（11）：1-11.

[34] 张来武.科技创新驱动经济发展方式转变［J］.中国软科学.2012（12）：1-5.

[35] 林毅夫，姜烨.经济结构、银行业结构与经济发展：基于分省面板数据的实证分析［J］.金融研究.2006（1）：7-22.

[36] 余泳泽.创新要素集聚、政府支持与科技创新效率［J］.经济评论，2011，2：93-101.

[37] 史会斌，杨东.研发投入和双元创新的战略协同效应研究［J］.技术经济与管理研究，2019（12）：16-20.

[38] 胡永平，苏益民.创始人持股与企业创新投入：风险投资和技术独立董事的调节作用［J］.会计之友，2020（7）：52-57.

[39] 曾蔚，沈亚宁，阳欢欢，苏宁 CVC 组织模式对技术创新绩效的影响研究［J］.会计之友，2020（1）：52-58.

[40] 钱旭潮，范苗苗.企业技术创新成长阶段的内涵、特征与条件［J］.管理现代化，2019，39（3）：52-54.

[41] 宋效中，程玮.上市公司风险投资对经营绩效的影响［J］.会计之友，

2014（11）：34-38.

[42] 杨希，王苏生，彭珂.风险投资对中小企业经营绩效的影响：基于区分风险投资机构事前效应与事后效应的视角［J］.运筹与管理，2016，25（6）：144-154.

[43] 王蕙.风险资与企业经营绩效关系研究：以中国医药上市公司为例［J］.市场周刊，2018（8）：37-40.

[44] 王千.风险投资对中小企业经营绩效影响研究［J］.中国集体经济，2019（12）：50-52.

[45] 李钟石，文华，袁嘉葆，等.基于 DEA 模型的我国物流业上市企业经营绩效实证分析［J］.物流技术，2021，40（4）：64-70.

[46] 张蓝远，许雅玺，李南.基于超效率 DEA-Malmquist 的吉祥航空经营绩效评价研究［J］.科技和产业，2021，21（4）：209-214.

[47] 周四娟，董欣妍，原彰，等.我国 14 家寿险公司经营效率的实证分析：基于 DEA-Malmquist 模型［J］.上海保险，2021（4）：30-35.

[48] 胡燕京，冯琦.基于 DEA 的我国上市旅游企业经营绩效评价［J］.华东经济管理，2006（9）：62-65.

[49] 李雪阳，白雪.基于DEA模型的农业上市公司经营绩效分析［J］.经济师，2008（1）：125-126.

[50] 曹文彬，付亭.基于 DEA-Tobit 模型的 IT 行业上市公司经营绩效的实证研究［J］.经济问题，2013（6）：90-94.

[51] 李德焱，颜明.风险投资与企业经营绩效研究：基于创业板上市公司的实证分析［J］.云南民族大学学报（哲学社会科学版），2013，30（6）：102-106.

[52] 王振南.风险投资与企业经营绩效关系研究［J］.知识经济，2013（14）：12-13.

[53] 蒲小川，张宇，江松.中国采矿业上市公司经营效率的实证分析：基于 DEA 模型和 Malmquist 指数模型［J］.中国矿业，2021，30（2）：36-42.

[54] 张航.风险投资、研发投入与企业价值［D］.四川：电子科技大学出版社，2018.

[55] 马嫣然，蔡建峰，王淼.风险投资背景、持股比例对初创企业技术创新

产出的影响：研发投入的中介效应［J］.科技进步与对策，2018，35（15）：1-8.

[56] 许昊，万迪昉，徐晋.风险投资背景、持股比例与初创企业研发投入［J］.

[57] 李小曲.风险投资对创业企业研发投入的影响研究［D］.河北：河北经贸大学出版社，2015.

[58] 王卓，宁向东.研发投入与实际控制人持股比例的关系：基于中国上市公司的实证研究［J］.技术经济，2017，36（4）：17-22+109.

[59] 李雪.风险投资对创业板企业成长性影响研究［D］.郑州：郑州大学出版社，2019.

[60] 贺静静.中小板上市公司股权结构对研发投入的影响研究［D］.西安：西安理工大学出版社，2017.

[61] 唐顾洋.我国上市公司股权结构与研发投入的关系研究［D］.成都：西南财经大学出版社，2010.

[62] 黄琛.风险投资对研发投入与企业绩效关系的调节效应研究［D］.兰州：兰州财经大学出版社，2018.

[63] 石峰，谢小春.控股股东持股比例对企业研发投资强度影响的实证分析［J］.南华大学学报（社会科学版），2015，16（4）：86-90.

[64] 董彦鸿.风险投资对企业技术创新的影响研究［D］.成都：西南民族大学出版社，2020.

[65] 王洁茹.风险投资对企业技术创新的影响［D］.上海：上海社会科学院出版社，2019.

[66] 吴涛，赵增耀.风险投资对创业板上市公司技术创新影响的实证研究［J］.科技创业月刊，2017，30（3）：27-33.

[67] 张一帆.风险投资对企业技术创新影响的实证研究［D］.湖南：湖南大学出版社，2016.

[68] 黄丹丹.风险投资、政府补贴对科技型上市公司技术创新的影响研究［D］.兰州：兰州财经大学出版社，2018.

[69] 温军，冯根福.风险投资与企业创新："增值"与"攫取"的权衡视角［J］.经济研究，2018，53（2）：185-199.

[70] 陈培.我国风险投资对企业技术创新影响的实证研究［D］.广州：华南理工大学出版社，2015.

[71] 胡志云.风险投资对创业板高新技术企业技术创新的影响研究［D］.广

州：华南理工大学出版社，2018.

[72] 张福．风险投资对创业板上市公司技术创新的影响研究［D］．哈尔滨：哈尔滨工业大学出版社，2017.

[73] 顾妍．风险投资对企业技术创新的影响研究［D］．成都：西南交通大学出版社，2019.

[74] 周虹，陈芮．风险投资对企业技术创新的影响综述［J］．天津商务职业学院学报，2018，6（5）：66-70.

[75] 赖玲露．我国风险投资对企业技术创新能力的影响研究［D］．江西：江西财经大学出版社，2015.

[76] 李九斤，刘东，安实．风险投资特征对企业技术创新的影响研究［J］．上海金融，2018（7）：75-84.

[77] 皇甫玉婷，刘澄，王未卿．风险投资与企业创新成长：基于中小板和创业板上市公司的研究［J］．改革，2018（9）：102-114.

[78] 向蔼旭．我国风险投资对于技术创新作用的实证研究［D］．北京：中国科学技术大学出版社，2011.

[79] 邓俊荣，龙蓉蓉．中国风险投资对技术创新作用的实证研究［J］．技术经济与管理研究，2013（6）：49-52.

[80] 陈见丽．风险投资能促进高新技术企业的技术创新吗？：基于中国创业板上市公司的经验证据［J］．经济管理，2011，33（2）：71-77.

[81] 陈泽睿．风险投资对公司创新投入的影响［J］．合作经济与科技，2018（18）：60-63.

[82] 李梦雅，严太华．风险投资、引致研发投入与企业创新产出：地区制度环境的调节作用［J］．研究与发展管理，2019，31（6）：61-69.

[83] 胡恒强，范从来，杜晴．融资结构、融资约束与企业创新投入［J］．中国经济问题，2020（1）：27-41.

[84] 付雷鸣，万迪昉，张雅慧．VC是更积极的投资者吗？：来自创业板上市公司创新投入的证据［J］．金融研究，2012（10）：125-138.

[85] 金永红，蒋宇思，奚玉芹．风险投资参与、创新投入与企业价值增值［J］．科研管理，2016，37（9）：59-67.

[86] 邵同尧，潘彦．风险投资、研发投入与区域创新：基于商标的省级面板

研究［J］.科学学研究，2011，29（5）：793-800.

[87] 赵武，李晓华，朱明宣，庞加兰.风险投资、研发投入对技术创新产出的差异化影响研究［J］.科技管理研究，2015，35（7）：1-5+11.

[88] 陈思，何文龙，张然.风险投资与企业创新：影响和潜在机制［J］.管理世界，2017（1）：158-169.

[89] 陶海飞.风险投资介入对创新型企业成长的影响——基于华东创新型上市企业的经验数据［J］.浙江万里学院学报，2017，30（6）：10-15.

[90] 谢光华，郝颖，靳姝菲.风险投资对政府补贴的创新激励有效性的影响研究［J］.管理学报，2018，15（9）：1337-1346.

[91] 王金涛，曲世友，焦国伟.高新技术企业创新风险投资绩效研究：以我国新能源上市企业为例［J］.工业技术经济，2019，38（10）：66-73.

[92] 张春香.风险投资对高科技企业技术创新的非线性影响［J］.软科学，2019，33（10）：13-19.

[93] 贺炎林，单志诚.风险投资对企业研发投入的影响:行业异质性视角［J］.科技进步与对策，2019，36（21）：80-89.

[94] 杨胜刚，张一帆.风险投资对企业创新的影响：基于中小板和创业板的研究［J］.经济经纬，2017，34（2）：147-152.

[95] 蒋殿春，黄锦涛.风险投资对企业创新效率影响机制研究［J］.中国高校社会科学，2015（6）：140-151+155.

[96] 谢雅萍，宋超俐.风险投资对企业技术创新的影响［J］.自然辩证法研究，2016，32（7）：57-61.

[97] 郭玥.政府创新补助的信号传递机制与企业创新［J］.中国工业经济，2018（9）：98-116.

[98] 陈霞.高管激励、研发投入与企业绩效调节效应实证分析［J］.统计与决策，2017（1）：178-181.

[99] 李书锋，杨芸，黄小琳.高管激励调节下研发投入与公司绩效关系研究［J］.会计之友，2020，No.635（11）：66-72.

[100] 朱艳华，许敏.中小板上市公司R&D投入对绩效影响的实证研究［J］.科技管理研究，2013，Vol.13.

[101] 陈一博.研发投入对企业财务绩效的影响研究：基于192家上市公司

面板数据的实证分析［J］.科技与经济，2013，Vol.26（2）.

[102] 章甜甜.研发投入对企业绩效的影响研究［D］.合肥：安徽农业大学，2022（2）.

[103] 张佩娟.股权集中度、投资者保护与企业绩效的实证研究［D］.成都：西南财经大学出版社，2011（2）.

[104] 何颖青.股权激励、研发投入与企业创新绩效：基于创业板上市公司的经验证据［J］.技术与创新管理，2022，43（1）：40-47+134.

[105] 陈东景，冷伯阳.环境规制、绿色信贷与中国工业绿色创新效率：基于空间杜宾模型［J］.北京交通大学学报（社会科学版），2023，22（1）：76-89.

[106] 彭文斌，胡娟，谢晓琪.研发投入、环境规制与企业绩效：基于面板门槛模型的实证分析［J］.湖南财政经济学院学报，2022，38（2）：53-61.

[107] 石博文.研发投入、媒体关注度与企业绩效关系研究［J］.中国商论，2022（6）：148-1.

[108] 恽嘉欣，刘艳萍.上市传媒公司研发投入对绩效的影响研究：基于传媒产业结构调整的背景［J］.商业经济，2018（1）：162-165.

[109] 曾强.科伦药业超募资金的流向与使用效果研究［J］.南昌大学，2018（12）.

[110] 谢利春.医药上市企业研发投入与企业绩效的实证研究［D］.上海：上海交通大学出版社，2018.

[111] 狄国凤.医药行业上市公司研发投入对盈利能力影响的研究［D］.浙江：浙江大学出版社，2020

[112] 鲁珍麟.中国医药行业上市公司研发投入与企业绩效关系的实证研究［D］.上海：上海社会科学院出版社，2020.

[113] 张靓.我国医药制造业上市企业研发投入对财务绩效影响研究［D］.山东：山东财经大学出版社，2017.

[114] 牛娟娟.研发投入与企业绩效关系的实证研究［D］.郑州：中原工学院出版社，2020.

[115] 杨卓.A股制药企业研发投入对经营绩效的影响研究［D］.桂林：广西大学出版社，2020.

[116] 宋佳丽.政府补助、研发投入对企业绩效的影响：基于医药制造业上

市公司的实证研究［J］.财务与金融，2019（6）：84-89.

[117] 刘方标.医药企业研发投入对企业绩效的影响研究［D］.江西：江西理工大学出版社，2021.

[118] 刘芳莲.生物医药企业研发投入与企业绩效相关性研究［D］.湖南：中南林业科技大学出版社，2020.

[119] 黄端微，刘耶路，刘天鹏.医药类上市公司研发投入与财务绩效关系研究［J］.太原城市职业技术学院学报，2021（9）：29-33.

[120] 谈蔚文.政府补助、研发投入对企业绩效的影响［D］.西安：西安科技大学出版社，2021.

[121] 刘旭红，揭筱纹.基于因子分析和 Malmquist 指数的中国区域包容性创新效率评价研究［J］.宏观经济研究，2018（1）：140-141.

[122] 贾永飞，白全民，王金颖，等.基于因子分析与交叉 DEA 的国家自主创新效率评价：以山东半岛国家自主创新示范区为例［J］.科技管理研究，2020，40（3）：39-41.

[123] 翟艳.中部六省规模以上工业企业创新效率研究［J］.运城学院学报，2020，38（3）：43-48.

[124] 孙研，李涛.我国高新技术产业创新效率测算［J］.统计与决策，2020，36（16）：116-118.

[125] 尹洁，刘玥含，李锋.创新生态系统视角下我国高新技术产业创新效率评价研究.

[126] 沙德春.中部六省国家级高新技术产业开发区创新效率研究［J］.河南科学，2020，38（1）：119-127.

[127] 周家梁，姚武华.政府支持、资本要素市场扭曲对区域创新效率的影响研究：基于面板 DEA-Tobit 模型的实证分析［J］.中国物价，2020，（4）：34-37.

[128] 周姣，赵敏.我国高新技术产业开发区创新效率及其影响因素的实证研究［J］.研究管理研究，2014（10）：1-6.

[129] 肖仁桥，钱丽，陈忠卫.中国高技术产业创新效率及其影响因素研究［J］.管理科学，2012（5）：85-98.

[130] 李飔.研发投入与企业财务绩效相关性研究文献综述［J］.价值工程，

2019，38（25）：293-295.

[131] 陈素琴.研发投入与企业财务绩效的相关性：基于高新技术企业的分析［J］.开发研究，2018（3）：144-152.

[132] 李杨.新疆上市公司重组前后财务绩效对比探索：以天润乳业为例［J］.山东纺织经济，2018（6）：53-56.

[133] 张燕.兵团上市公司盈利质量研究［J］.智库时代，2018（37）：51+67.

[134] 陈丽霖，冯星昱.基于IT行业的治理结构、R&D投入与企业财务绩效关系研究［J］.研究与发展管理.2015（3）.

[135] 李四海，陈旋.企业家专业背景与研发投入及其绩效研究：来自中国高新技术上市公司的经验证据［J］.科学学研究.2014（10）.

[136] 黄禹，韩超.研发投入对企业财务绩效的实证研究：基于我国新能源企业上市公司数据的经验分析［J］.会计之友，2013（11）.